탈인간 선언

탈인간 선언

기후위기를 넘는 '새로운 우리'의 발명

김한민 지음

한겨레출판

일러두기

1. 탈인간은 탈인간중심주의의 준말로, 생태적 파국을 초래한 지금까지의 인간상으로 부터 탈피한다는 의미이다. 이 책에서는 탈인간을 영어로 "Ex-human"이라고 표기 했다. 접두사 ex-는 어디에서 빠져나가, 더 이상 그 상태 아님을 뜻한다.

2. 이 책은 2020년 7월부터 2023년 6월까지 3년간 《한겨레》에 연재한 칼럼 '탈인간'을 바탕으로 글을 추가·보완해 엮었다.

3. 도서명·학술지명·매체명 등은 《 》, 논문명·기사명과 방송 프로그램·영화·미술작품 등의 제목은 〈 〉로 묶었다.

4. 국내에 번역 출간되지 않은 도서는 영문 제목을 병기했다.

5. 하단의 각주는 기본적으로 저자의 것이고, 편집자 주석인 경우에만 앞에 [편집자 주] 로 표시했다.

기후위기를 넘는
새로운 우리의 발명

우리가 휴머니즘이라 부르지만

정확히 말해 인간중심주의라 불러야 할 그것은,

우리 생애의 가장 본질적인 질문들에 답을 줄 수 없다.

－소설가 알렉산드르 솔제니친, 2003년 인터뷰에서

기후변화는 환경 이슈가 아니라 문명 이슈다.

－환경운동가 조너선 포릿

　인간적인 것은 좋은 것이었다. 인본주의·인도주의·휴
머니즘은 다분히 긍정적인 수식어였고, "사람 먼저" "사
람 중심" 같은 구호는 '인간다움'이야말로 우리의 궁극
적 지향이라는 걸 상기시켜줬다. "사람은 못 되더라도 괴

물은 되지 말자"라는 영화 속 명대사 역시 '사람 되기'가 사람이라면 마땅히 추구해야 할 가치라고 전제한다. 너무도 당연시해 온 이 전제가, 흔들리고 있다. 그 지각변동은 현시대를 지칭하는 이름에 단적으로 드러난다.

"인류세". 언뜻 인간 종의 역사적 '승리'에 대한 선언처럼 들리기도 한다. 그러나 참뜻을 알고 나면 이 명칭은 훈장으로 보기 힘들다. 왜 그럴까? 인류가 지구의 운명을 좌지우지할 만큼 어마어마한 지리역학적 동력이 됐음을 뜻하는 것이니, 굉장하지 않은가? 한때 자연환경이 선사한 모진 시련들을 극복해 생존하는 것이 지상 과제였던 인류가 거칠 게 없는 막강한 힘의 소유자로 등극했다면 '출세'한 격 아닌가. 그러나 안타깝게도 인류의 눈부신 성공은 그에 필적할 만큼 아찔한 대가들과 함께 찾아왔다. 점점 빈번해지는 극단적 기상현상(폭염·폭우·홍수·가뭄)을 필두로 6차 대멸종, 빙하·산림 유실, 해수면 온도 급상승, 대기·수질·토양 오염, 인공 물질(쓰레기)의 비순환, 인수공통감염병 증가 등을 모두 포함하는 전 지구적 차원의 생태 위기가 그것이다. 놀랄 만큼 힘이 세진 인간은 그 힘으로 자신이 살아갈 토대를 위험천만하게 허무는 존재가 되고 말았고, 그렇게 인간·사

6

람·인류는 예찬의 대상에서 극복의 대상으로 전락했다.

물론 이것은 위기를 위기로 인식하는 사람들의 얘기다. 아무리 인류세가 분야를 막론하고 폭넓게 쓰이는 용어로 정착하고, 세계 지질학계에서는 조만간 공식 선언할 예정이라고 해도, 아직 인류세의 함의는 물론 그 개념 자체를 부정하는 이들도 적지 않다. 나는 이런 거부를 시대착오라고 생각한다. 그렇다면, 인류세를 받아들인다는 건 뭘까? 그것은 인류의 행동주체agency를 인정하는 것이다. 동시에, 지구 차원의 생태 위기에 대한 인간의 책임과 해결 역량도 인정하는 것이다. 과거에 자연현상, 특히 기후와 관련된 이변들은 인간의 능력으로 어찌할 수 없는 섭리에 의해 일어나는 것으로, 이를테면 신의 영역에 속했다. 그러니 우리가 할 수 있는 거라곤 기우제를 지내거나 점을 쳐보는 정도였다. 그러나 인류세 시대에는 수많은 자연현상의 배후에서 인간이 지대한 영향력을 미치고 있다는 것이 밝혀졌기에, 이에 대한 책임도 피할 수 없다. 즉, 인류세하에서는 순수한 의미의 천재지변이란 더 이상 존재하지 않고, 자연재해와 인재의 경계가 불분명해진 것이다. 이제 인간은 기록적 가뭄이나 폭우, 섭씨 40도를 넘는 폭염을 겪어도 하늘이 아니라 스스로를 원망해야 할 판이다. 불가항력으로 여겼던 자연재해에 대해 인간의 책임을 인정한다는 건 실로 파격적인 사고의 전환을 요한다.

모든 인간에게 균등한 책임이 있는 건 아니다. 책임의 비율은 천양지차이며, 특정 사회와 소수의 세력이 훨씬 더 큰 책임을 져야 한다. 세계 100대 기업과 전 세계인 상위 10퍼센트가 전 세계 온실가스의 70퍼센트, 50퍼센트를 각각 배출한다는 점을 상기하자. 그래서 혹자는 인류세 대신 "자본세"라는 명칭을 선호한다. 자본주의를 선도한 국가와 엘리트의 무거운 책임을 강조하기 위해서이다. 그러나 이름을 어떻게 부르든, 책임의 비율이 얼마나 다르든, 결국 인간이라는 공통분모를 가지고 있다는 점 그리고 인간인 이상 인류세의 도래에 기여했다는 사실은 부정할 수 없다.

이제 인간적인 것은 더 이상 좋은 의미가 아니다. 과거에 '인간중심'이란 말이 긍정적 정서를 환기했다면, 이제 '인간중심주의'는 대개의 경우 문명 비판적인 맥락에서 쓰인다. 혹자는 갸우뚱할 것이다. 인간이 인간중심적이라는데 뭐가 잘못됐단 말인가? 곰은 곰-중심주의, 진드기는 진드기-중심주의가 당연하지 않은가? 그럴지도 모른다. 그러나 모든 생물들이 '자기 종 중심적' 삶을 추구하는 것이 설령 당연하다 하더라도, 유독 호모 사피엔스가 (최소한 산업혁명 때부터) 추구해온 삶의 양식만 (앞서 말한) 생태적 파국을 불러왔다. 그렇다면, 인간중심주의를 어떻게 해보지 않고서 이 수렁에서 빠져나가긴 불가능해 보인다. 바로 이 문제의식에서 '탈인간'이 등장한다.

탈인간.* 인간이기를 그만두자는 뜻인가? 사이보그가 되자는 말인가? 탈인간은 먼저 탈인간중심주의의 준말로, 말 그대로 인간중심주의를 벗어나려는 몸부림이다. 그것이 몸부림인 이유는, 인간으로 태어난 이상 그 벗어남을 완벽히 성취할 수 없기 때문이다. 그럼에도 불구하고 인류세의 비극을 탄생시킨 인간에 대한 반성과 이를 극복하려는 시도는 목표로 삼을 만한 가치가 있다. 인간중심주의는 그동안 인간을 세계의 중심에 놓고 나머지는 배경으로 치부했다. 고등한 지능을 가진 인간이 다른 열등한 존재를 도구화하는 것은 정당화되었다. 뒤이어 나오는 그림처럼, 인간은 스스로를 세상의 확고부동

─── 나는 탈인간을 영어로 "Ex-human"이라고 표기했다. 접두사 ex-는 어디에서 빠져나가는 것, 즉 더 이상 그 상태가 아님을 뜻한다.

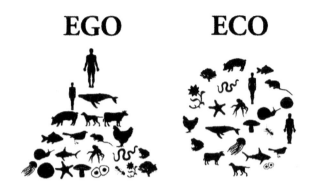

"에고 vs 에코" (작자 미상)

한 주인공으로 상정하는 데 그치지 않고 위계질서를 부
여해, 우월하고 예외적인 존재로서 군림해왔다. 이때의
인간이란 대개 서양의, 근대의, 산업사회의, 도시의, 중산
층 이상의, 비장애인 백인 남성이라는 특징을 은연중에
전제한다(위 그림에서도 남녀의 위계가 표현돼 있듯이). 발전
사관을 의심치 않는 근대화·산업화 시대의 이상적 인간
형은, 계몽된 문명인이라면 응당 어때야 한다는 획일화
된 고정관념의 형태로 우리 깊숙이 내면화 되었고, **다른**
인간상에 대한 상상의 폭을 크게 좁혔다. 근대화라는
'미완의 프로젝트'에 뒤늦게 뛰어들어, 어떤 면에서는 선
배들(서구 사회)보다 더 철저하고 빠르게 개발과 성장을

추구해온 "아시아의 네 마리 용" 중 하나였던 우리 역시, 이런 인간 모델의 산물들이다. 그래서 서구가 근대를 회의할 때, 우리는 여전히 근대의 완성을 향해 전력투구 중이다.

탈인간은 이렇게 인간이란 개념에 스며들어 고착화된 관념들로부터도 탈피하고자 한다. 동시에 지금 우리에게 익숙한 현대인의 모습이 본래부터 그랬던 것은 아님을 끊임없이 환기하려 한다. 현 인류는 농업-산업 혁명을 거치고 무수한 기계를 발명하여 자연에 대한 유례없는 통제력을 맛보고, 유일신교에 기초한 주류 사상의 세례를 받으며, 돈을 최우선시하는 자본주의의 확산에 물드는 등 여러 역사적 과정들이 장기간 복잡하게 뒤엉켜 만들어진 결과이다. 단, 이렇게 구성된 것이 인간이라면, 이를 해체하는 것도 가능해진다.

세계 곳곳에서 자본주의-모더니티 체제에 저항하는 원주민들은 인간이란 만들어진 개념을 '탈식민화'하는 데 중요한 단서를 제공한다. 《탈인간 선언》의 글들을 써온 지난 3년 중 일부를, 나는 브라질 아마존의 한 원주민 공동체와 함께 살았다. 그들이 팽창하는 글로벌 농·축·광산업에 맞서 자신들의 숲을 지키고 전통문화를 보존하는 일을 옆에서 거들고 관찰하고 기록하며 인류학 연구를 병행하는 과정에서, 나는 종종 '인간이라는 관점'을 벗어나 사고하고 행동하는 그들 특유의 지적·감각적 유연성에 매료되었다. 아마존 원주민의 생활 양식은 특히 우리를 숲속 다른 거주자들의 세계로 인도하는 데 빼어난 힘을 발휘한다. 그들의 일상은 동물·식물·강·바람 등 다양한 비인간의 관점을 취하려는 꾸준한 '변신 연습'을 동반하는데, 이것만큼 탈인간에 도움이 되는 것도 없어 보였다.

앞서 나온 그림에서 왼쪽이 인간중심주의를 시각화했다면, 오른쪽 이미지의 이름은 뭘까? 혹자는 "생태중심주의"라고 부를지도 모른다. 나는 그 말이 형용모순이라고 생각한다. 생태계에는 고정된 중심이 존재하지 않는다. 그저 무한한 관계들이 얽혀 있을 뿐이다. 중심은 잠시 나타났다가 휘발하는, 임시적인 초점에 지나지 않는다. 그런 의미에서 인간중심주의를 벗어나는 일은 또 다른 중심을 세우는 걸 필요로 하지 않는다. 중심은 비워둬도 괜찮다. 굳이 '인간중심'의 반대말을 꼽으라면 나는 차라리 '인간 매개'라고 하고 싶다. 중심에서 매개가 되는 것, 게다가 사라지는 매개자가 되는 것. 인간에게 특출난 지적 능력이 주어진 것엔 의심의 여지가 없는데, 지금껏 그것을 물질적·양적 성장 및 팽창 그리고 생태계 파괴에 써왔다면 이제는 다른 존재들과의 공존을 모색하는 데 전적으로 투입하는 것이다. 공멸을 막고 공존을 현실화하기 위한 온갖 '다리 놓기(매개)'를 자처하는 것은, 탈인간적 접근의 핵심이다.

이렇듯 인간이란 협소한 테두리를 벗어나려고 하면 할수록 중요해지는 것이 바로 다른 존재들, 타자이다. 고로, 자의식 과잉에서 벗어나 타자에 주목하는 것은 탈인간의 출발점이다. 타자를 알아간다는 건, 가령 "알고 보니 저 동·식물이 무슨 희귀병을 치유하는 재료로 쓰인다더라" 같은 사실을 발견해야 비로소 존재 가치가 보이는 것을 말하는 게 **아니다**. 도구적·실용적인 관점을 떠나 우리에게 여하간의 쓸모가 없더라도, 오롯이 존재 그 자체로서 (타자의) 살아갈 이유를 긍정하는 것이다. 모든 인간을 존엄하게 대하라는 윤리적 명령이 각 인간의 쓸모와 무관한 것과 같은 이치이다. 이런 조건 없는 타자 긍정은 우리 지식체계의 불완전성을 인정하는 태도이기도 하다. 탈인간은 인류가 가보지 않은 미지의 세계다. "기지旣知의 것을 중심으로 미지未知의 것이 설명·평가·

단죄되는 과거와 작별하고, 미지의 것을 통해 기지의 것을 판단하는 시대를 여는 논리적 혁명**을, 탈인간은 필요로 한다.

탈인간의 궁극적인 지향점은 타자에 대한 앎을 넘어 "친족 만들기"***를 시도하는 것이다. 타자와의 연대를 통한 공동체의 형성은 우리가 흔히 '우리'라고 말할 때 관습적으로 상정해온 구성원의 테두리를 확장해 소외된 주체들, 나아가 여태껏 생각지도 못했던 구성원들까지 포용해 '새로운 우리'를 발명하는 일이다.

타자 환대 그리고 친족 만들기는 낭만과 낙관에 의존하지 않는다. 그것은 우리 삶에 방향성을 부여해줄 돛이요, 혼란의 시기에 우릴 붙들어줄 닻이다. 친족 만들기의 고충을 설명하는 데 있어 철학자 발 플럼우드의 에피소드만큼 적절한 예도 없다. 인간중심주의 및 인간·자연 이원론 비판으로 널리 알려진 그녀는, 어느 날 강에서 카누를 타고 가던 중 악어에게 잡아먹힐 뻔하다가 가까스로 살아남는 경험을 한다. 사람들은 그녀가

⟶　　박동환, 《안티 호모에렉투스》, 사월의책, 2017, 282쪽.

⟶••　도나 해러웨이가 제안한 슬로건 "아이 대신 친족을 만들자Make kin, not babies"에서 빌려온 표현.

야생동물에게 그렇게 혹독하게 '당하고' 나서 평소 가졌던 생각을 바꿀 거라고 예상했다. 실제로 그녀는 생각이 바뀌긴 했다. 단 예상과 반대로 더욱 가열차게 인간 중심 탈피를 주장하는 방식으로! 누군가의 '먹잇감'이 되어본 경험은 그녀에게 공포를 넘어 일종의 경외감을 불러일으키며, 생태계 속 인간의 위치를 환기시켜주었다. 그날, 그녀 안에서 박살 난 것은 뼈가 아니라 언제까지나 포식자의 위치를 점할 줄 알았던 인간우월주의란 착각이었다. 대부분의 우리는 현대 도시 사회에서 피식의 경험으로부터 완벽하게 '보호'되어 있다. 그런 안전망은 다른 생물을 마음대로 다뤄도 된다고 생각하게끔 한다. 플럼우드는 물리적 체험을 통해 그런 관념에서 벗어나 처음으로 세상을, 그리고 스스로를 **바깥으로부터** 볼 수 있었다. 탈인간이 추구하는 벗어남과 타자 포용은 이런 것이다.

탈인간이 포괄하는 생각들은 이미 오래전부터 세계 곳곳에서 다양한 방식으로 잉태되고 발전되어 왔다. 일찌기 '축의 시대'에 탄생한 여러 종교들***에서도 발견할

─── *** 자세한 내용은 카렌 암스트롱이 쓴 《성스러운 자연》(교양인, 2023)을 참고하기를 권한다.

15

수 있지만, 19세기 과학에서도 찾아볼 수 있다. 가령 진화학자 찰스 다윈은 지렁이를 오랫동안 면밀히 관찰한 결과를 정리한 〈지렁이의 활동과 분변토의 형성〉(1881년)에서 이런 결론을 내린다. "지렁이들은 대다수 사람이 처음 생각했던 것보다 세계 역사에서 중요한 역할을 수행해왔다." 지렁이의 행위주체를 인정하고 이를 자연사도 아닌 세계사의 일부에 포함시키는 발상은, 자연과 문명의 경계가 흐려진 인류세 시대의 감각을 한 세기 이상 선취하고 있다. 이 같은 사례들로부터, 동시대 정치학자 제인 베넷은 비인간 존재들을 정치적 주체로 인정해야 한다는 결론에 이른다. 이렇듯 탈인간이란 기획 자체는 새로울 것이 없다. 새로운 것은 기후위기를 극복할 정치("기후정치")에 탈인간적 관점을 녹여내고 실현하는 일이다.

인간중심주의를 해체하려는 다양한 시도들과 《탈인간 선언》의 차이가 있다면, 이 책이 이론이나 사고실험, 지적 유희가 아니라 현실과 호흡하면서, 또 변화를 갈망하면서 얻은 실천적 성찰들의 모음이라는 점이다. 일

→ 　제인 베넷, 《생동하는 물질》, 현실문화, 2020, 239쪽.

간지에 4주마다 게재되는 짧은 칼럼이라는 조건은 때론 논의를 원하는 만큼 펼칠 수 없는 제약이기도 했지만, 긴급한 사안들에 시의성 있게 응답하기 위해 온갖 '현장'들에 촉각을 곤두세우고 사변을 걸러내 꼭 필요한 말에 집중하도록 강제한 장치이기도 했다. 탈인간의 급진성이 상아탑·전시장이 아닌 실제 삶, 기후·생태 운동 그리고 언론환경에서 얼마만큼 주장될 수 있는지 가늠하는 경험은, 때론 좌절스러우면서도 값진 기회였다. 《탈인간 선언》의 또 다른 특징은, 과학 기술의 발전으로 향상된 인간을 만들어 세계의 문제들을 풀어 보려는 트랜스 휴먼·포스트 휴먼 담론과도 거리를 두는 것이다. 탈인간은 과학 기술의 공헌과 장점을 부정하지 않지만, 그것이 약속하는 장밋빛 전망들을 깊이 의심한다. 오히려 과학기술을 만병통치약이나 요술 지팡이쯤으로 여기는 이들이 역으로 '환상'이라고 치부해 기각해버린 다른 상상들과 가능성들을 재소환하는데 관심을 둔다.

이 책을 내는 시점에서 우리 사회는 후쿠시마 원전의 오염수 방류로 한창 시끄러웠다. 놀랍지 않게도 관심의 초점은 수산물 공급과 소비, 어민 생계 문제에만 맞춰졌다. 범람하는 담론 속에서 바다는 그저 채취할 자원이 있는 일종의 먹이 창고에 불과했고, 오염수 방류를 염려하고 반대하는 이들조차 그 창고를 더럽혀선 안 된다는 논리에 머물렀다. 바다 자체에 대한 걱정, 해양생태계 파괴와 그 여파, 그 속에 사는 무수한 물살이들의 입장에 대한 고려는 좀처럼 찾아볼 수 없었다. 어느덧 과거의 일처럼 여겨지는 코로나19 사태도 마찬가지였다. 따지고 보면, 인간의 무분별한 야생동물 서식지 침투 때문에 발생한 문제인데 이런 근본 원인에 대한 대처나 개선은 전무하다시피 했다.

이렇듯 견고한 인간중심주의를 겪을 때 마다 탈인간적 전환이 더욱 긴급하게 느껴지는 반면, 다른 한편으론 무력감에 맞닥뜨리기도 한다. 탈인간의 가장 큰 적은 상상과 희망의 고갈이다. 인간**조차** 아무렇지 않게 무시당하는 시대에 과연 탈인간이 가능키나 하느냐는 비관이다. 하지만 역사상 인간의 외연을 넓히는 그 어떤 일도 저절로, 자연스럽게, 순차적으로 이뤄지지 않았다. 여성·유색인종·성소수자·장애인·약자의 권리는 지금 이 순간에도 투쟁의 각축장에서 '1보 전진 2보 후퇴'를 거듭하고 있다. 결국, 탈인간에 대한 시대적 요구도 앉아서 순서를 기다리고 있을 수만은 없다. 다 같이 이뤄지거나,

아무것도 이뤄지지 않을 것이다.

우리 신체의 세포는 매일 100억 개씩 죽고 다시 태어나기를 반복하기에, 생물학적으로 봐도 어제의 나와 오늘의 나는 동일하지 않다. 그런 면에서 탈인간이란 건, 굳이 노력하지 않아도 절로 이뤄지는 상태처럼 보일 수 있다. 그러나 그것은 신기루이다. 방향성을 치열하게 의식하지 않으면, 인간의 변화는 사회의 관성, 즉 현 체제를 공고히 하는 방향에 따라서만 이뤄진다. 바로 그 관성이 현존하는 위기를 초래했음을 기억한다면, 앞으로 어떤 방향을 의식적으로 추구하거나 피할 것인가만큼 중요한 질문은 없다. 미셸 푸코의 말처럼 "이제 목표는 우리가 누군지를 발견하는 게 아니라, 우리라는 존재를 거부하는 것"[•]이라면, 우리는 어제의 인간이기를 단호히 거부한다.

탈인간의 추구는 소수에게서 시작할 것이다. 가까운 미래에도 여전히 그럴지도 모른다. 탈인간의 여정은 쉽지도 편하지도 않을 것이며, 찬란한 실패의 경험들이 기다리고 있을지도 모른다. 조금 나은, 조금 다른 실패라

—• Michel Foucault, "The Subject and Power", *Critical Inquiry*, 8(4), 1982.

도 마다하지 않고 시도하길 멈추지 않을 때 작은 차이들은 쌓일 것이다. 양적 가치가 돈으로 환산되는 시대에 눈에 잘 띄지 않는 사소한 차이에 집중하기란 만만치 않은 일이다. 반면, 다수의 큰 움직임엔 눈길을 주긴 쉽다. 왜 무언가가 뜨는지, 왜 누가 인기인지, 왜 다들 우르르 몰려가는지 등 각종 '성공 비결'을 뽑아내 팔아먹으려는 노력은 흔하디흔하다. 같은 이유로 왜 대다수가 기후 문제에 관심이 없는지, 왜 인간은 변화를 기피하는지, 왜 정치판은 안 변하는지 설명하기도 어렵지 않다. 어려운 것은 왜 몇몇 소수의 사람들이 세상을 바꿀 수 있다고 믿는지, 왜 그들은 변화를 포기하지 않고 뭔가 꾸역꾸역 하는지를 설명하는 것이다. 작은 시도, 변화, 가능성이나 희망, 성취와 승리들을 어렵사리 이어가며, 얼기설기하나마 작동하는 연대의 그물망을 짜는 것이다.

여기서 나는 인류학자 마거릿 미드의 격언을 떠올린다. "소수의 사려 깊고 헌신적인 사람들이 세상을 바꿀 수 있다는 걸 결코 의심해서는 안 된다. 사실, 그것 없이 바뀐 적이 한 번이라도 있었던가". 그리고 이 문장에서 '사람'을 '존재'로 탈바꿈해본다. 그러면 인간이란 전경이 후경으로 밀려나고 배경에 있던 것들이 전면에 부각되며, 이 세상의 진행과 변화에 언제나 참여해온 헤아릴 수 없이 많은 생물·무생물들이 거미줄 같이 얽힌 관계망이 선명히 모습을 드러낸다. 여러 세계(들) 속의 우리 위치를 자각하는 순간, 지렁이의 작은 꿈틀거림 하나도 무시할 수 없고, 공생 전략으로 폐허 속에 피어나는 버섯에게도 감사하지 않을 수 없고, 압도적인 자본과 화력에 맨몸으로 저항하는 원주민도, 거대 화력발전 기업에 맞서 홀로 피켓을 든 청년 기후 활동가도 절대로 그냥 지나칠 수 없어진다. 탈인간을, 바로 이 존재들과 함께 선언한다.

2023년 11월,

김한민

차례

1부 기후위기, 인류세의 끝에서

2부 탈인간중심주의

3부 환상, 그 너머로

1부

기후위기, 인류세의 끝에서

골든타임을 놓쳐본 나라

곧 닥친다고 경고하던 기후위기가 성큼 다가왔다. 북미·남미·아시아·유럽·아프리카·중동 등, 이제 폭염과 폭우는 남·북반구를 안 가리고 덮친다. 당장 최근 몇 년간의 여름을 떠올려봐도 기후위기는 우리에게도 현실이 됐다. 처참한 폐허에서 각성의 계기라도 주우려 했던 이들은 그러나 또다시 절망하고 있다. 이 모든 걸 보고 겪고도 변화가 없음에…. 언론의 스포트라이트를 받는 대선 경쟁에도 기후 의제는 완전히 실종됐다. 다른 나라들도 사정은 비슷하다. 텍사스 정전 사태*를 겪고도 또다시 정파적 논쟁에 빠진 미국, 허난성 홍수**를 보도하

— 2021년 2월 중순, 미국 텍사스주에서 전력 부족으로 일어난 대규모 정전 사태. 기후위기로 인해 극단적 한파 현상이 나타나면서 전력 수급에 문제가 발생했다.
—• 2021년 7월에 중국 허난성 일대에서 발생한 '천년 만의 대폭우'. 이른 폭염으로 형성된 장마전선이 폭우의 원인으로 꼽힌다.

는 해외 언론을 '중국 비방'으로 모는 중국 정부. 도대체 정신 차리는 모습은 없고 어떤 양상만 보인다. 당하고도 모르고, 곧 죽어도 살던 대로 살겠다는 고집…. 나는 지금 한 사람을 떠올리고 있다.

그는 대장암 환자였다. 미국인인 그가 평소 적색육·가공육 위주의 전형적인 '패스트푸드 식단'을 즐기고 감자칩 이외의 식물성 음식은 죄다 멀리했다는 걸 알고, 나는 단 일주일이라도 채식을 해보길 조심스레 권했다, 신뢰할 만한 전문 정보를 제공하면서. 대장암과 육류 섭취의 연관성은 학계에 널리 입증되었기에 객관적인 정보 제시만으로도 설득이 가능할거라 생각했다. 그러나 본인은 고려해보려고도 하지 않았고, 기존 식단을 고수했다. 결국 지천명의 나이에 영면한 그의 운명이, 내 권고를 받아들였다고 조금이라도 달라졌을까. 그의 죽음은 내게 무거운 교훈을 남겼다. 처음엔 이해되지 않았다. 지푸라기라도 잡는 심정이었을 텐데 왜 딱 일주일, 아니 하루라도 시도해보지 않았을까? 이제 영영 대답 들을 길은 없지만, 조금은 이해할 것 같다. 우리가 어떤 문제의 해법을 신뢰하지 않거나 그 해법이 낯설면 막상 위기가 닥쳐도 시도해보는 것조차 저어되는 법이다. 그런 마음은 거부로 표현되기 쉬우리라.

물론, 이것은 한 개인의 일화이다. 기후위기의 경우는 차원이 다르고, 대응책도 훨씬 더 잘 제시되어 있다. 화석연료 사용 종식과 에너지·식량·교통 부문의 대전환. 이걸 다 해도 장담은 못 하지만, 이것 없이 해결할 수 없음은 명백하다. 국제기구와 전문가들이 이미 십수 년간 강조해온 이 기초 상식을 모르는 국가는 이제 없다. 문제는 변화를 거부하는 관성이다. 자본과 기술이 해결한다는 서사가 그 틈을 파고든다. "힘들게 바꿀 필요 없어. 수소 산업, 탄소포집 기술, 숲의 수종 교체 등에 투자하면 시장이 알아서 해결해줄 거야!" 그러나 이 달콤한 약속들은 충분한 시간을 전제한다. 수소 비행기만 해도 빨라야 15년 이상 걸린다. 전 세계 상용화에 걸릴 시간을 빼고도 말이다. 그럼 기후위기를 **되돌릴** 골든타임은 얼마나 남아 있나? 10년도 안 남았다는 것이 정설이다. 그 주어진 시간 동안 전 세계가 합심해 정말 최선을 다해도 섭씨 1.5도 상승을 막기 어려운 상황이다. 더 나쁜 뉴스가 있다. 2021년 7월에 발표된 연구에 의하면 온실가스 배출량, 해양 산성화, 빙산 붕괴, 벌목 속도 등 주요 생태 지표의 티핑포인트(임계점) 도달 시점이 앞당겨졌다. 비유하자면 코로나19보다 전파력과 치사율이 더 높은 역병이 걷잡을 수 없는 기세로 급속히 퍼져나가는데 강력한 방역 정책도 없고, 국민의 적극적 협조(사실은 희생)도 없이 아직 개발도 안 된 뜬구름 잡는 백신만 믿어보자는 격이다.

2년 전, MBC의 올림픽 중계방송 사고*를 보면서 누군가 말했다, 한국 선수단을 소개하며 세월호 침몰 사진을 보여주면 어떻겠냐고. 나는 상상해봤다, 모든 나라의 가장 뼈아픈 기억 혹은 수치가 만천하에 공개되고 상기되는 어떤 '수치의 행진'을. 미국은 아메리카 원주민 학살, 독일은 아우슈비츠 수용소 학살, 중국은 소수민족 박해…. 우리는 뭘까? 적어도 금세기 한국사만 보면 세월호가 특별한 위치를 차지하는 건 분명하다. 전 국민이 '골든타임'이란 용어를 단일 사건과 연결시켜 기억하는 나라, 우리 말고 또 있을까? 사활이 걸린 긴급 상황에서 민첩한 조치로 피해를 줄일 수 있는, 아직 행동이 유의

⟶　2021년 7월 23일, MBC는 도쿄 올림픽 개막식 중계방송 중 우크라이나 선수단이 입장할 때 우크라이나 국가 설명에 첨부되는 사진들 중 원전 사고 당시의 체르노빌 원자력 발전소 사진을 삽입했다. 아이티를 소개할 때도 폭동으로 인한 당시 화재 현장 사진을 삽입했다.

미한, 놓쳤다간 되돌릴 수 없는 일이 벌어질 짧은 시간에 대한 감각. 이 감각에 대한 공동체의 기억이 재앙의 재발을 막는다면 비극에도 한 줌의 의미가 있으리라.

현 상태를 유지하는 것이 유리한 기득권 세력은 재앙이 닥쳐도 피할 데가 있어서 느긋한 건지 모르겠다. 그러나 2014년 4월 16일, 소중한 존재들을 '함께' 잃어본 우리는 뼈저리게 알고 있다, 폭풍이 지나고 비참한 결과가 현실화되기 전, 뭐라도 해볼 수 있는 그 시간이 미치도록 귀하다는 것을. 오늘도 정부·국회·언론은 이 진실을 등지고서 천금 같은 하루를 버리고 있다. 이 허비된 시간은 또 다음 선거까지 이어질 것이고, 그 후 5년간도 변화를 주도할 후보 하나 없다는 사실이 암담하다. 골든타임은 흐르고 지구는 갈수록 뜨거운데 현실은 이다지도 차갑다.

참 좋겠구나, 안 급해서

10여 년 전 서울 광화문을 지나고 있었다. 역사박물관 앞에서 집회가 열리고 있었다. 노조 깃발들이 나부끼는 가운데 무대에 선 시인 송경동이 시를 낭송하고 있었다.

떠밀어 죽이지 않아도/ 저절로 떨어져 죽어가니/ 너희는 참 좋겠구나 (중략)/ 평생을 길거리에서 싸워가며 눈물바다/ 급기야 저절로 목숨까지 반납하며 눈물바다/ 짜디짠 눈물바다뿐인/ 노동자들이/ 다 죽는 세상이 참 좋겠구나
-송경동, 〈너희는 참 좋겠구나〉,《나는 한국인이 아니다》, 창비, 2016.

파블로 네루다가 모스크바에서 시를 낭송할 때 스페인어 한마디 모르는 러시아인들이 눈물을 흘렸다는 (확인 안 된) 일화가 떠올랐다. 그날 광화문 행인 중엔 눈물

은커녕 눈길 한번 주는 이 없었다. 나 역시 약속을 핑계로 길을 재촉했고, 송경동의 우렁차다 못해 찢어질 듯한 절규도 점점 멀어졌다. 그러나 "너희는 좋겠구나"란 후렴구는 귓가를 떠나지 않았다. 요즘도 종종 생각난다, 특히 나에게 절박한 일이 남에겐 절박하지 않음을 느낄 때면.

언젠가부터 내겐 촉박한 사안이 많아졌다. 21세기에 인권·노동권·성평등·동물권·환경정의 등을 대놓고 반대할 사람은 적지만, 각각의 시급성에 대한 시각차와 온도차는 천양지차다. 시간을 끌수록 또 하나의 생명 혹은 희망이 죽어나가는데도 우선순위와 '사회적 합의'를 핑계 삼으며, '변화란 그렇게 조급히 이뤄지지 않는다'는 교훈을 가르치기에 바쁜 이들이 어찌나 많은지… 졸지에 조급한 사람으로 낙인이 찍힐 때마다 그 시구가 떠오른다. 너희는 참 좋겠구나, 여유가 넘쳐서!

변화의 큰 방향에 동의하긴 쉽다. 문제는 **변화의 속도**다. 철학자 폴 비릴리오의 표현처럼 "속도를 정치화"하려 할 때 종종 맞닥뜨리는 역설은, 정말로 가장 급한 문제가 뭔지 알려면 가장 장기적인 관점을 가져야 한다는 것이다. 우리가 군인이라고 치자. 엄청난 폭발력을 가진 시한폭탄과 지뢰가 있다. 뭘 먼저 제거하겠는가? 당연히 전자일 것이다. 하지만 그 폭탄이 지휘관의 전역 후에 터질 예정이라면 얘기는 달라진다. 공동체의 미래를 진정으로 염려하는 리더가 아니라면 폭탄 해체는 후임에게 떠넘길 공산이 크다. 그렇다. 나는 지금 기후위기에 대해 말하고 있다. 정치적·물리적 수명이 길지 않은 (대부분의) 현 권력자들의 말만 믿고 오직 그들에게 기후에 대한 책임을 맡기는 건, 그래서 극히 위험하다. 기후에 관해 그들이 하는 약속은 말뿐일 가능성이 농후하기에, 그 진정성을 확인할 지표는 약속을 이행하는 속도뿐이다.

2020년 11월, 국회 철문에 몸을 결박한 시위 끝에 연행된 기후 활동가들의 비판 초점도 다름 아닌 정부의 늑장 대응, 즉 속도였다. 이들은 "2050 탄소중립"이라는 선언(2050년까지 온실가스 배출을 줄이거나 상쇄해 배출량을 0으로 만들겠다는 정부 선언)이 얼마나 공허한지 알리려고 몸을 던진 국제적 시민 불복종 운동 단체 '멸종반란Extinction Rebellion' 소속 활동가들과 시민들이었다. 멸종반란의 주도로 영국을 비롯해 전 세계 수십만 명이 몸을 던져 수천 명이 경찰에 연행됐는데, 한국은 이 11명이 전부였다. 이 청년들이 나선 이유는 명확했다. 단기 목표와 구체적 이행 계획 없는 30년 후의 약속은 달성 의지가 없음을 드러낸다는 것. 벌써 업계는 물론 정부 내부에서도 들리는 '속도 조절론'은 이것이 단순한 의심이나 비관이 아니라는 것을 더욱 합리화한다.

"선언을 한 게 어디냐" "좋은 쪽을 봐라" "급할수록 둘러가라" 부류의 충고라면 이제 그만. 노동 운동가 김진숙의 36년째 투쟁에 송경동이 목숨을 건 단식을 더해 '지금이 아니면 죽음'이란 패를 던진 것 역시 조급함으로 해석하는 사람 혹은 단순한 시간의 흐름을 변화와 동일시하는 사람에겐 '안 하는 것보다 나은' 시늉들도 진일보인 것처럼 보일지 모른다. 그러나 우리가 해결해야 하는 '시한폭탄'들의 실체를 알면 알수록 그런 정도의 대응 속도는 한가하다 못해 무책임하고 비윤리적인 것으로까지 느껴진다. 사생결단한 시인, 감옥행도 불사하는 활동가들…. 이들이 자주 접하는 의문 섞인 시선이 있다, "취지는 좋지만 왜 그렇게까지 해야 하나?" 하는. 생각해보면 진짜 의문의 대상은 그들이 아니다. 그렇게까지 (급)하지 않은 우리다.

위드 기후변화

'위드 코로나with corona·' 시대로 완전히 접어든 게 확실하다. 코로나에 걸렸다고 말해도 무덤덤한 반응들이 그 증거다. 하지만, '위드 코로나'라고? 코로나19 바이러스가 들으면 웃을 일이다. "난 수천 년 전부터 너희들과 살아왔고 전 세계 방방곡곡에 퍼진 지가 벌써 몇 년인데, 새삼스럽게 나랑 공존하는 게 정책이라니!" 코로나19와 함께한다는 것은, 거칠게 표현하자면 바이러스의 박멸·통제를 포기하고 적절히 적응해 살기로 한 것이요, 병으로 치자면 완치는 불가능하니 병의 관리·적응 단계로 넘어간 것이다. 수년간 온 국민이 방역에 최선을 다했기에 불가피한 수순이었다는 공감대가 지배적이다.

이 방향 전환을 다른 위기, 기후변화에 적용해보자.

・ 코로나19를 일상적 의료체계로 관리하는 방역 정책.

기후위기 대응은 크게 저감-적응-무대응의 세 가지 양상으로 나눌 수 있다. '저감'은 기후변화 자체(온도 상승)를 최대한 막아보려는 것이고, '적응'은 기후변화를 불가피한 상수로 놓고 피해 최소화에 집중하는 것이다. 우린 지금 뭘 하고 있을까? 주류 정책입안자(정부·양당)들은 입으론 저감을 말하지만, 사실상 적응에 해당하는 정책을 펴고 있거나 무대응에 가깝다고 해도 그리 박한 평가는 아니다. 탄소중립이 그 대표 격으로, 언뜻 저감처럼 보이지만 뜯어보면 산업계가 새로운 환경에서도 경쟁력을 잃지 않고 적응하도록 지원하는 내용이 대부분이다.

비주류 입안자들(정의당 등)은 기후변화의 피해가 클 취약계층 배려에 초점을 맞춘다. 이 또한 적응에 해당한다. 시민사회 역시 정의로운 전환을 추구하다 보니 유사한 목소리가 커졌다. 한마디로, 정신 차려보니 본격 저감 정책은 누더기가 되거나 실종되다시피 했고 적응 정책이 주종을 이루고 있다. 코로나19로 치면 2년간 전쟁처럼 치른 방역을 건너뛰고 곧장 '위드 기후변화'로 갈아탄 격이다. 공식 선언도, 소리 소문도 없이 말이다. 재난영화에 비유하자면 지구에 운석이 접근하는 상황에서,

충돌을 막는 데 총력을 기울여보기도 전에 충돌 이후의 피해 경감 대책에 돌입하는 시나리오다.

'최전선'에 있는 전문가들·활동가들 역시 적응을 말하고 있다. 사정을 너무 잘 알아서, 현실에 대한 냉정한 판단에서 그럴 수도 있다. 또 한심한 각국 정부의 태도를 보면 일면 이해도 간다. 하지만 '기후변화는 막는 게 아니라 함께 겪는 것'이라는 유의 적응론이 우세해지면 아무리 정의로운 의도였다 해도 원치 않은 결과를 낳는다. 집단 심리의 관점에서만 봐도 '리스크 관리' 모드로 들어가면 우리 마음은 움츠러들기 마련이다. 최약자 정도는 고려하되 사회의 큰 틀은 유지하는, 자본 엘리트에게 유리한 보수적 접근이 힘을 받는다. '기후변화 말고 체제 변화' 같은 건 꿈도 못 꾼다. 어차피 막지도 못할 거라면 뭣하러 위험과 희생을 감수하고 체제까지 바꾼단 말인가, 차라리 있는 체제를 조금씩 보완하고 고쳐 쓰는 게 합리적일 텐데.

이런 의미에서 적어도 지금의 시스템에 근본적인 방향 전환이 꼭 필요하다고 생각하는 사람이라면 향후 10년은 적응론을 피해야 한다. 그 이후에는 어쩔 수 없이 저감과 적응을 병행하더라도 말이다. 당장은 숫자 놀음이 아닌 최대치의 비타협적 저감을 위해 체제 전환 혹은 그에 준하는 변화에 목을 매야 한다. 다른 말로 하자면, 탈성장의 추구나 고탄소 비필수 산업의 폐지처럼 지금으로선 과격해 보여도 실제 저감을 위해 필요한 변화들에 매달려야 한다.

그런 의미에서 기후위기는 코로나19 사태로부터 배울 교훈이 있다. 장기화된 방역으로 누적된 피로와 불만이 기후 대응에 독이 될 공산도 크지만, 바이러스 하나 때문에 (아주 잠시나마) 자본주의의 '스톱 버튼'을 누르고 경제 부문을 공공 통제 아래 둔 놀라운 경험, 그로 얻은 사회적 상상력을 과소평가하지 말자. 안드레아스 말름[*] 같은 사상가가 제안한 "전시체제에 준하는 생태적 레닌주의" 같은 급진적 대안들도 적극 검토하자.

나는 적응이 두렵다. 어느덧 마스크에 익숙해져 수년을 더 쓰라고 해도 받아들였을 인간의 그런 뛰어난 적응력이. 마스크를 벗어던지고 절실하게 신선한 공기를

———[*] 생태적 레닌주의는 스웨덴 룬트대학의 안드레아스 말름이 저서 《코로나, 기후, 오래된 비상사태》 등을 통해 주창하는 노선으로, 레닌 시대 구소련의 에너지 전환 정책에서 착안, 지금처럼 대응의 속도가 관건인 기후비상사태에서는 국가 주도형의 고강도 규제를 '탑-다운top-down' 방식으로 관철시키는 것이 불가피하다고 본다.

누리고 싶은 욕구도, 절박하게 지키고 싶은 것도 없이 더위는 에어컨으로, 미세먼지는 공기청정기로, 식량 부족은 라면으로, 불편한 진실은 가짜 뉴스로 때우며 분연히 행동에 나서도록 추동할 감각을 마비시키는 그런 적응력이….

그렇다. 나는 사람들이 "인간이 무엇에나 적응하는 동물"이라는 도스토옙스키의 말을 체념하듯 수긍할까 봐 두렵다. 차라리 "적응의 힘은 모방이 아니라 저항과 동화의 힘"이라고 말한 간디에게 귀를 기울여야 한다. 그나마 적응'이라도' 해볼 만한 지구는 적응에 최대한 저항해야 가능할 것이기에.

기후 보기를 코로나같이

기후활동가에게 지난 코로나19 대응은 꿈과 같다. 정부와 의회가 합심해 최고 수준의 대응책을 밀어붙인다. 전 언론이 뉴스를 쏟아내 긴장감을 고조시킨다. 전문가 집단은 필요할 때마다 엄중한 경고를 날린다. 의료진은 헌신한다. 시민들도 적극 협력한다. 일상이 송두리째 바뀌어도, 해고자가 쏟아지고 폐업이 줄줄이 이어지고 가정폭력이 늘고 교육이 파행되고 행사와 모임과 여행이 무한 연기돼도, 시위가 금지되고 마스크를 강제해도⋯ 대다수는 동참하고 협조한다. 헌법이 보장하는 기본권이 희생당해도 "이득이 손실보다 크다"라는 모호한 명제가 공감을 얻고 반대 여론은 묵살된다. 전염병과의 전쟁에 쓸 어지간한 무기는 다 쥐어진 셈이지만 실패해도 누굴 탓할 수도 없다. 다시 인내하고 힘내야 할 뿐.

어떻게 이 모든 게 가능한가? 코로나19 팬데믹에서

가능했던 걸 기후위기 대응에 적용하려면 어떻게 해야 할까? 몇 가지 교훈을 추려봤다.

첫째, 기후 문제가 단순 환경 문제로 인식되면 끝장이다. 그렇게 되는 순간 대중에겐 제아무리 중요해도 그저 '자연을 아끼자' 식의 교과서 같은 윤리적 담론으로 들린다. 지금까지 환경으로 접근한 사례들을 보라. 지극히 '순한' 정책조차 거센 반대에 직면한다. 바나나 비닐 포장 규제 하나를 시도해보려고 해도, 학교나 공공기관에서 매달 딱 두 끼 저탄소 채식 급식을 하려 해도, 강한 반빌에 직면한다. "개인 선택인데 강요한다" "에코 파시즘이다" "업계 죽일 작정이냐" 하며 엄살을 떤다. 코로나19를 단순 보건 문제, 기저질환자와 노령층의 문제로 국한했다고 상상해보라. 그렇게 보려면 볼 근거도 있었지만, 리스크의 잠재력과 예방 차원에서 우리 모두의 보편적인 문제로 보기로 한 것이다. 그래서 범국가적 수준의 통제와 조치가 가능했다. 공동체적 가치를 명분으로 국가적 위기라는 것을 설득시킨 사례이다. 기후위기야말로 경제·안보·노동·식량·보건 등 전 분야를 강타할 사상 초유의 재난이다. 초국가적 비상사태라는 관점으로 접근해야 그에 상응하는 법적 조처들이 가능해진다.

둘째, 코로나19 수준의 '융단폭격' 커뮤니케이션 캠페인이 필요하다. 위기는 일어나기도 하지만 만들어지기도 한다. 여전히 국내 언론은 기후 이슈가 '피부로 와닿지 않아서' 후순위로 밀려난다고 합리화하지만, 꼭 사안의 경중이 언론 노출 정도를 결정하는 게 아님을 코로나19가 보여줬다. 실상은 거꾸로였다. 방치했을 때의 위험과 공포를 선제적으로 정부·언론·전문가들이 귀 따갑도록 떠들어 사전에 전격적인 협조를 끌어낸 것이다. 반대로 '침묵의 팬데믹'이라는 대기오염은 매년 전 세계에서 약 880만 명을 죽여도 아무도 얘기하지 않는다. 기후변화로 인한 피해자 수를 매일같이 실시간으로 집계하고 중계한다면 달라지리라. 한마디로 정부와 언론 하기 나름인 의지의 문제이지, 사안 자체로 말할 것 같으면 기후위기가 더 크면 컸지 결코 작지 않다.

셋째, 정책과 개인의 변화가 동시에 같이 가야 한다. 코로나19 팬데믹에서 이 둘은 양자택일이 아닌 상호보완의 관계였다. 정부와 국가 간의 강력한 방역정책과 개인의 거리두기·손 씻기 등은 늘 병행됐다. 하지만 기후위기 대응책에선 늘 구조적 변화와 개인의 실천이 대립적인 관계로 설정된다. 하나에 주목하면 다른 하나는 소홀히 한다는 택일관계로 보는 것이다. 한쪽에서는 해법은 오로지 체제 전환뿐이라며 작은 실천을 폄하하고, 다른 쪽은 개인의 실천만 강조한다. 코로나19가 너무도 자연스럽게 이 둘의 조화와 병행을 요구했던 것을 상기하면 이런 이분법이 얼마나 비생산적이고 무의미한지 새삼 깨닫게 된다. 희생을 감수하며 동참한 개인이 체제에 더 많이 요구하는 경향도 있음을 기억하자.

넷째, 기술만능주의로는 안 된다. "기후위기는 기술이 해결해준다"라는 망상에 해당하는 게 팬데믹 시절의 백신만능주의인데, 백신은 방탄조끼가 아니다. 효과 지속에 한계가 있어 계속 업데이트돼야 하고, 변이 바이러스는 별도의 대응이 필요하며, 방역은 그것대로 지속돼야 한다. 즉 백신만 있으면 다 해결된다는 희망은 허위 정보 유포나 다름없다. 알베르 카뮈가 《페스트》에서 "역병과 싸우는 유일한 방편은 정직성이다"라고 말했듯이, 솔직 담백한 소통이 부재하면 오해와 음모론만 키우고 결국은 역풍을 맞는다. 기후위기의 경우 역시 에너지·식량·운송 체제의 대전환이 이뤄져도 그에 따른 삶의 뼈아픈 결과들을 피할 수 없고, 그 희생은 코로나19 때처럼 약한 자에게 더 무자비할 것이다. 이 점은 팬데믹 때

놓쳤으나 기후위기 대응에서는 반드시 풀어야 할 난제다. 우리가 치를 희생들에 관해 정직하게 소통하는 것, 이것이 빠진 기후에 관한 모든 얘기는 거짓말이다.

육식을 즐기는 지식인을 의심하라

　먼저 육식을 정의하자. 밀집 집단 사육을 통해 고기를 대량으로 찍어내는 공장식 체제, 동물에게 극심한 고통을 가하고, 하늘(기후)과 땅과 물과 숲을 훼손시키고, 우리 건강에 문제를 일으킬 만큼 과잉 소비되는, 오늘날 한국 육식의 대부분을 차지하는 '지금 이대로의 육식'.

　다음으로 지식인을 정의하자. 섭외되는 자, 마이크와 지면이 주어지는 자, 불려 다니고, 강단에 서고, '정의' '윤리' '가치' 등 입바른 소리를 SNS에 올릴 시간이 있는 자…, 한마디로 '알 만한 분'들.

　육식에 관한 동시대 한국 지식인의 자화상을 한마디로 하면? 너무 모른다. 또는 모르는 척하거나 몰라도 된다고 생각한다. 무엇을? 육식이 환경·동물·건강에 끼치는 영향 모두 다. 햄버거 때문에 아마존 밀림이 1분에 축구장 면적만큼 벌목된다는 뉴스가 1990년대부터 나왔고, 축산업이 온실가스 배출의 주요 원인으로 교통 분야 전체를 합친 것과 맞먹는 규모라는 사실도 이미 널리 알려졌는데 동물권에 대한 인식은 동물의 처지만큼 처참하다. 동물도 인간처럼 중추신경계로 고통을 지각한다는 상식도 알고 직접 반려동물도 키우면서, 소·돼지·닭의 고통은 철저히 외면한다. 건강에 대한 지식이 가장 뒤떨어져 있다. 여전히 "채식하면 단백질이 부족해진다" 수준의 상식을 갖고 있다. 참고로, 지금 한국은 오히려 단백질 과잉 섭취가 문제다.* 세계보건기구WHO에서 가공육과 적색육을 각각 1, 2군 발암물질로 분류한 것도 8년 전의 일. 미국·영국·캐나다·오스트레일리아의 영양사협회와 정부 가이드라인은 채식의 적합성을 공식 인정했고 육식 줄이기를 권하고 있다.

국외에서는 채식이 환경과 동물, 건강에 좋다는 증거들이 쌓이며 폭넓게 받아들여지고 있다. 뉴욕시의 '그린 뉴딜'**이 설정한 '소고기 소비 50퍼센트 감축 및 가공육

—→　　2020년 한국인 영양소 섭취기준 개정 연구 결과보고서(한국영양학회)에 따르면, 한국인의 1일 평균 단백질 섭취량은 고령층을 제외한 전 연령대에서 권장량을 상회하고 있다. 권장 섭취량 기준을 2015년보다 상향 조정했는데도 말이다.

—•→　　[편집자 주] 친환경 산업 인프라를 구축하고 관련 산업을 육성하는 등

퇴출' 목표도 그런 배경에서 나왔다. (놀랍지 않게도 한국형 뉴딜은 일언반구도 없다.) 케임브리지대학교는 기후위기 대응의 일환으로 소고기와 양고기를 메뉴에서 없앴고, 런던의 한 구의회는 공식 식사에서 아예 육류를 제외하기로 했다. 정부 차원이 아니더라도 지자체 단위 또는 민간 차원에서 수많은 사례들이 있고, 적어도 문제를 인정하고 변화가 필요하다는 공감대가 형성되고 있다.

한국은? 지식인들부터가 이런 흐름 따윈 존재하지도 않는 것처럼 당당히 즐긴다. 최소한 SNS에 고기 파티 사진을 올리지 않는 센스도 기대하기 힘들다. 혹은 업계 눈치를 본다, 마치 축산만은 변화와 혁신에 있어 예외라는 듯이. 담배 산업 걱정에 금연 운동은커녕 금연 지지도 못 하는 격이다. 혹은 "식생활은 개인 선택"이라는 명제에 갇혀 있다. 물론 식탁은 외부 압력에 저항적인 민감한 영토이다. 하지만 식량 생산·소비 시스템은 다분히 공적·정치적 영역이기도 하다. 이 공론장에서 채식주의는 단순 취향이 아니라 공동체(환경·건강)와 약자(동물

에너지 구조를 전면적으로 조정하여 고용과 노동까지 아우르는 사회적·경제적 개혁을 추진하고자 하는 정책이다. 2019년 미국에서는 그린뉴딜 결의안이 하원을 통과했다.

권) 배려라는 보편적 가치를 대변할 수 있다. 고로 논의가 바뀌어야 한다, "채식이냐 육식이냐"가 아니라 "어떤 채식, 얼마만큼의 채식이냐"로.

한국에서 채식주의는 아직 극소수라 권리 존중만 받아도 감사한 분위기지만, 머지않아 보편적으로 수용될 것이다. 만약 지식인들이 제 할 일을 한다면 말이다!《사이언스》에 논문 〈생산·소비를 통한 식량의 환경 영양 감소〉(2018년)를 발표한 뒤, 환경 보호에 가장 효과적인 개인적 실천이 채식임을 깨닫고 비건이 된 옥스퍼드대학교의 조지프 푸어Joseph Poore 박사,《가디언》에 "공장식 축산은 인류 역사상 최악의 범죄 중 하나"라고 기고한 비건 학자 유발 하라리, 공장식 축산의 폐지를 공개 요구한 미국공중보건학회APHA나 채식을 권장하는 책임 있는 의료를 위한 의사 협회PCRM 같은 역할을 할 사람들이 필요하다.

인류는 본래 육식을 했기에 근본을 바꿀 수는 없다는 믿음이 존재한다. 하지만 인류는 95퍼센트 이상을 채식에 의존한 다른 영장류들처럼 진화하는 과정에서 적은 양의 고기를 먹기 시작하다가 근대로 오면서 육류 소비가 크게 늘어났다는 점을 상기하자. 특히 산업화 이후

포드 자동차 생산 라인에서 영감을 받은 공장식 축산이란 끔찍한 발명을 통해 육류 소비는 폭발적 증가세를 맞이한다. 그렇다 해도 미국과 유럽을 제외한 대부분의 나라들에서는 고기는 여전히 귀했고 어쩌다 조금씩 먹곤 했다. 지금과 같은 동물성 식품 일색의 식단은 상당히 최근의 일이다. 이제 소는 자동차가 아니며 포드주의는 동물 '생산'에 적용할 게 아니라는 걸 더 많은 사람들이 깨닫고 있는 시점에서 우리가 앞으로 가야 할 방향은 뭘까? 그 대답은 "우리가 누구였는가가 아니라, 우리가 무엇이 될 수 있는가"를 질문할 때 나올 것이다.

———• 영국의 작가·환경운동가이자 《가디언》 칼럼니스트인 조지 몽비오가 한 강연에서 한 말.

어두움이 있는 삶

"저녁이 있는 삶"이란 문구가 매력적으로 다가왔던 이유는 우리에게 쉼이 절실했기 때문이다. 2012년에 이를 대선 경선 슬로건으로 내걸었던 후보는 선거에서 졌지만, 이 말은 지금도 회자되고 있다. 동시에 우리는 10여 년이 지난 오늘도 여전히 저녁 없는 삶을 살고 있다. 만약 저녁이 생긴다면 무엇을 할 것인가? 아마 거창한 시간 활용 계획을 세웠다가 결국 어떤 종류의 화면 시청으로 귀결될 가능성이 크다.

저녁다운 저녁을 보낸 기억이 희미하지만, 어쩌면 저녁에 가장 '걸맞은' 활동은 딱히 뭘 하지 않고 멍하니 여유롭게 보내는 게 아닐까 싶다. 수면장애를 겪어본 사람이라면 저녁부터 몸이 잘 채비를 갖추도록 준비하라는 권고를 들어봤을 것이다. 잠자리에 들기 서너 시간 전, 어둠이 깔릴 때부터 밝은 빛(특히 청색광)을 피하는 것도 그 준비에 해당한다. 하지만 요즘은 취침 직전까지 화면을 보고도 숙면을 취하는 사람이 상당수 있는 듯하다. 인류는 더 이상 어둠이 필요하지 않은 동물로 '진화'해가는 걸까?

그런가 하면 한편에선 적응을 못 하는 동물들도 많다. 스웨덴의 박쥐 전문가 요한 에클뢰프Johan Eklöf의 책 《어두움 매니페스토The Darkness Manifesto》는 빛 공해로 인해 인간·동식물이 받는 악영향을 자세히 기록한다. 어스름한 달빛에 의존해 길을 찾는 나방, 쇠똥구리, 거미, 철새 등 수많은 동물은 강한 인공 빛에 방향감각이 교란돼 길을 잃거나 섭식에 곤란을 겪는다. 모래사장에서 부화해 나온 바다거북 새끼들은 해변에 늘어선 환한 조명을 바다로 착각해 뭍으로 향하다 죽는다. 곤충들은 그중에서도 피해가 막심하다. 이른바 '진공청소기 효과(강한 인공 빛에 자석처럼 끌리는 현상)' 때문에 밤새 조명 주위를 혼돈 상태로 서성이다 지쳐 죽어버린다. 이 원리를 이용한 기계('해충 퇴치기'라지만 사실상 무차별적인 살상 기계다)까지 등장해 곤충 섬멸에 가세하고 있다. 어둠의 소멸은 동물들의 번식에도 영향을 끼친다. 배추좀나방은 빛 공해로 호르몬 교란이 일어나 교미에 실패하는

종 중 하나다. 식물계에도 빛 공해로 수분受粉에 지장을
받거나 싹이 너무 일찍 트는 종이 많다.

거의 모든 식물은 일정량의 어둠이 반드시 필요하며
동물 종의 절반 이상은 야행성이다. 만약 생태계에서 가
장 막강한 영향력을 끼치는 동물인 인간이 야행성이었
다면 상황이 이렇게 전개되지는 않았을 것이다. 주행성
인 인간은 본능적으로 밤을 두려워하고 경계해 최대한
없애려는 방향으로 탁월한 능력을 발휘해왔다. 그 결과
지구 역사상 오늘날처럼 밤이 밝은 적은 없었다. 이렇게
'연장된 낮' 덕택에 우리는 더 오래 일하거나, 더 오래 놀
수 있게 되었다. "토요일 밤의 열기"는 "불타는 금요일"
로 앞당겨진 지 오래고, 웬만한 도시의 휘황찬란한 밤은
목요일, 아니 주초부터 번쩍인다.

이처럼 밤이 줄고 밝아질수록 어둠이 생존에 절실히
필요한 생명들은 고통받는다. 이들이 빛 공해를 못 견뎌
하나둘 사라진다면 그것은 밤을 '죽인' 우리 책임이 아
닐 수 없다. 물론 대부분의 사람은 한낱 나방의 운명 따
위에 눈 하나 깜짝하지 않을 것이다. 그들이 생태계, 나
아가 인간 식량 생산 체계에까지 영향을 미친다는 점도
모를 것이다.

사실 현대인은 어둠뿐만 아니라 햇살도 기피한다. 특히 한국인은 직사광선의 위험에 관한 교육을 너무도 잘 받은 나머지 잠시의 햇빛도 못 견딘다. 그래도 일광욕의 가치를 아는 사람이라면 선글라스와 모자를 잠시 벗고 햇볕을 쬐면 그만이다. 즉 개인 선택의 문제다. 그러나 어둠은 그렇지 않다. 주위가 모두 밝으면, 혼자서 아무리 암막 커튼을 열심히 쳐봐야 한계가 있다. 우리나라는 이미 싱가포르·홍콩과 더불어 세계에서 빛 공해가 심한 국가 중 하나다. 우리 삶에 어둠이 필수적이란 사실을 인성한다면 어둠의 문제는 공동체가 함께 풀어야 한다. 그리고 그 '우리'는 비인간 동식물을 포함하는 광의의 우리여야 한다.

고래고기 누가 원하나

삼면이 바다지만 고래가 안 보이는 나라, 어쩌다 한 마리 잡히면 언론이 "로또"라고 쓰는 나라, 그 극소수의 고래를 먹어 치우며 '먹방'하는 나라. 고래의 입장에서 본 21세기의 한국이다.

고래가 해양생태계에 매우 중요하다는 건 증명된 사실이다. 대기 중 산소의 절반 이상을 생산하는 식물성 플랑크톤의 주요 먹이 중 하나가 고래 배설물이다. 고래는 표층과 심해를 오가며 바닷속 영양분 순환을 증진하고, 그 사체는 해저 생태계에 영양을 공급하며 다량의 탄소까지 저장하니 죽어서도 돕는 존재다. 인간이 살게 놔둔다면 말이다.

우리 바다에 고래가 산다는 걸 모르는 이도 많다. 그도 그럴 것이 씨를 말렸기 때문이다. 여기서 고래는 '큰' 고래(수염고래)를 말한다. 우리에겐 사실상 밍크고래 한

종이 유일하다. 과거엔 포경꾼도 눈길을 안 주던 제일 작은 종 하나만 남고 나머진 거의 자취를 감춘 셈이다. 간혹 "고래가 너무 많아 물고기를 다 먹는다"라고 말하는 어민들이 있다. 이는 사실도 아니지만, 많고 적음의 기준부터 틀렸다. 지난 세기 동안 전 세계 고래가 급감한 건 팩트다(1890~2001년 사이에 개체 수의 65퍼센트가 감소했다).

그런데 가령 100마리에서 한 마리로 줄었다가 세 마리가 되면 '급증'인가? 황폐해진 상태를 전제해 판단이 왜곡되는 현상을 '기준선 이동 증후군'이라고 한다. 적정 개체 수를 알려면 인간의 영향이 미미했던 과거의 상태까지 종합적으로 봐야 한다. 고래가 활개치는 바다를 겪어본 사람은 안다. 비숙련자도 쉽게 고래를 볼 수 있다. 심지어 배를 타지 않고도 해변에서 관찰될 때도 있다. 우리 바다에선 숙련자가 배를 타고 며칠간 항해를 해도 어렵사리 발견한다.

이 중요한 동물이 어쩌다 이렇게 귀해졌을까? 엄청난 상업 포경으로 씨를 말린 건 러시아와 일제였다. 즉 고래 '잡는 문화'는 강대국 침탈사의 잔재지, 역사적 자랑거리가 아니다. 차라리 반구대 암각화 이후 19세기까지 포경이 거의 없었던 전통이 자랑이다. 1982년 상업포경 모라토리엄 선언 이후 대다수 국가는 포경을 금지했다. 한국도 금지했다. 단, 불법 포경만. 대신 합법 포경이 존재한다. '혼획'이라 부른다. 잡을 의도는 없는데 '잡힌' 거란다. 의도를 누가 판단하나? 해경이 한다. 어떻게? 작살 자국이 없고, 금속탐지기 한번 훑어서 작살 조각이 안 나타나면 애초에 죽일 의도가 없었던 것으로 보고 합법 판정을 해준다. 그러면 유통증명서를 발급받아 떳떳하게 팔 수 있다.

이렇게 쉬우니 고래가 다니는 물길에 그물을 치고 잡아 익사시키면 그만이다. 이 흔한 수법을 경찰이 모를 리 없다. 잡을 생각이 없는 것이다. 여기다 불법 포경도 기승을 부린다. 그러니 공식적으로 잡은 고래 수는 적은데 유통량은 배 이상이다. 허술한 법만 문제는 아니다. 경제적 인센티브가 너무 크다. 고래 한번 잘 잡으면, 어가 1년 평균 소득의 약 절반을 한 번에 번다. 이런 현실에서 고래를 살려주는 어부는 천사다. 그러나 이런 사람들은 뉴스에 나오지 않고 고래 '로또'로 '횡재'한 소식만 나온다.

이 모든 걸 정부는 수십 년째 수수방관했다. 책임 기

관 해양수산부는 말로만 고래 보호를 외치고, 보여주기식 고래 고시 개정만 반복했다. 그나마도 두 가지 이유 때문에 했다. 약간의 여론 의식 그리고 최근엔 미국 때문에. 미국은 해양포유류보호법MMPA을 강화해, 자국과 동등한 수준으로 해양포유류를 보호하지 않는 국가를 평가하고 필요시 경제제재까지 하는 외교적 압박을 가하고 있다. 고래 걱정보단 혹시나 수출길이 막힐까봐 해수부는 미국해양대기청NOAA에는 강력한 보호 의지를 천명해놓고, 고래 식당 업주들에겐 "고래 식문화의 전통을 어필하겠다"며 한 입으로 두말했다. 부끄럽지도 않나?

고래 보호는 강대국 눈치가 아니라 우리 국민이 원하기 때문에 해야 한다. 여론조사 결과를 보면 국민의 70퍼센트 이상이 고래 식용을 반대하고, 고래 식당이 밀집된 울산조차 시민들의 88퍼센트가 포경 금지에 찬성한다. '의도적 혼획'의 심각성과 현 제도의 허점을 자세히 알게 되면 이 수치는 더 늘어날 것이다. 국민과 시대가 원하는데 정부는 전국 100여 개의 식당을 중심으로 형성된 강성 이익단체 눈치만 본다. 가장 과학적인 자문 기능을 해야 할 국립수산과학원 고래연구센터조차 손을 놓고 있다.* 이 나라는 하나 남은 고래를 포기했다. 살리는 건, 이번에도 시민들 몫이다.

——• 김한민, 〈나에게 울산고래축제는 지옥이었다〉, 《허핑턴포스트》, 2018년 7월 6일. (다행히도 최근에는 고래연구센터가 조금씩 바뀌고 있어, 고래를 더 이상 자원이 아닌 생태계의 일원으로 보기 위해 용어 체계부터 수정하고 있다는 반가운 소식이 들려오는데 관심을 가지고 지켜볼 일이다.)

그리고 아무 상쇄도 없었다

탄소 상쇄offset는 마술 같다. 비행기를 타서 배출되는 탄소가 찜찜하다고? 몇천 원만 내면 그 탄소가 '뿅' 하고 상쇄된단다. 정확히 어떻게 상쇄되냐고? 글쎄, 어딘가에 나무라도 심겠지? 바쁜 고객은 자세히 몰라도 된다. 자, '탄소배출권'*을 구입했으니 죄(책감)를 사하노라! 환경 파괴로 악명 높은 기업도 돈만 내면 책임 있는 기업으로 둔갑시켜주는 이 마법 같은 탄소 상쇄 시장의 규모는 앞으로 100조 원 이상으로 확대될 전망이다.

탄소 상쇄라는 발상이 등장했을 때 많은 이들이 중세 시대의 면죄부를 떠올렸다. 차이가 있다면 탄소 상쇄는 단순한 혹세무민을 넘어 지구를 망치는 데도 기여한다는 점이다. 상쇄가 되는데 왜 망치냐고? 상쇄가 제대

—— 일정 기간에 일정량의 온실가스를 배출할 수 있는 권리.

로 되려면, 돈만 내고 끝내는 게 아니라 지구 어딘가에서 정말로 좋은 일이 일어나야 한다. 가령, 파괴되던 숲이 지켜지거나 복원되어 실제로 배출권에 해당하는 만큼의 탄소 흡수가 발생해야 한다. 그래야 말 그대로 상쇄가 된다. 하지만 그게 어디 쉬운가?

좋은 사례가 있다. 나름 환경 의식이 투철한 밴드 그룹 콜드플레이도 바로 이 탄소 상쇄 때문에 곤혹을 치렀다. 탄소 배출이 심한 해외 공연 투어를 상쇄해보겠다고 인도의 망고나무 심기 프로젝트에 통 크게 기부했지만(즉 탄소배출권을 구매했지만) 몇 년 후 해당 나무들이 말라 죽어버렸다. 그나마 콜드플레이는 이 사실을 알게 되고 잠시나마 해외 투어를 중단이라도 했으니 염치는 있다. 그조차 없는 이들이 더 많다.

2021년, 나는 《한겨레》에 캄보디아에서 벌어진 산림 파괴를 폭로하는 기사[*]를 기고했다. 산림청이 캄보디아에서 '레드플러스REDD+'라는 사업을 벌이고 숲을 잘 보호해 무려 "65만 톤의 탄소배출권을 확보한 성과"를 자랑했는데, 정작 그 숲의 3분의 1 이상이 사업 시작 후

──• 김한민, 〈'온실가스 65만 톤 감축' 산림청 홍보 뒤엔 숲 37% 파괴 있었다〉, 《한겨레》, 2021년 8월 23일.

보호되긴커녕 파괴됐다는 내용이다. 위성 데이터, 현지 활동가의 리포트, 드론 사진 등 증거를 확보해 이를 뒷받침했다. 이에 대한 산림청의 해명은 마치 인공지능의 답변 같았다. '대규모 산림 파괴는 없었음.' 매년 3500헥타르의 숲이 사라지는 게 소규모란 말인가? 답변 중에는 이런 말도 있었다. '본 사업은 노르웨이나 독일도 함.' 그래서 어떻다는 것인가?

내가 이 문제에 주목한 첫 동기가 바로 노르웨이가 지원하는 아마존의 레드플러스 사업이었다. 숲도 보호하고 원주민의 삶의 질도 개선할 거라 큰소리치던 레드플러스가 결국 둘 다에 실패했다는 소식을 접했다. 이것은 사업에 참여한 많은 전문가와 해당 숲에 거주하는 원주민들이 내린 결론이었다. 실제로 아마존은 현재 전례 없는 속도로 파괴되고 있다.

두 번째 동기는 한국에 정부의 홍보자료 말고는 레드플러스에 대한 변변한 기사 하나 없기 때문이다. 이렇게 정보도 문제의식도 없다 보니, 최근 탄소중립위원회가 발표한 탄소중립 시나리오에도 레드플러스 같은 해외사업을 활용해 우리나라의 부족한 감축분을 채운다는 계획이 포함됐다. 아무리 기후 대응에 뒤처졌어도 눈높

이가 이렇게 낮아지면 곤란하다. 레드플러스는 전 세계적으로 비판을 받는 사업이다. 캄보디아 사례처럼 숲을 보호하지 못해 실제 탄소 상쇄가 안 되는 경우가 허다하고, 원주민의 삶을 개선하는 데도 대부분 실패하고 있으며, 심사 체계도 허술하기 때문이다.[*] 오죽하면 탄소배출권의 3대 인증 기관 중 하나인 골드스탠다드조차 레드플러스는 심사 체계에 문제가 많아 인증도 안 하고 있다. 숲 관련 탄소 상쇄 시장의 80퍼센트가 레드플러스인데도!

게다가 숲 자체가 변하고 있다. 올해 발표된 연구에 따르면, 아마존마저 탄소 저장원이 아닌 배출원으로 전락했다. 주원인은 벌채·방화지만 지구 가열에 따른 가뭄도 있다. 탄소 배출원에서 무슨 수로 배출권을 추출한단 말인가? 레드플러스는 이런 허구성을 난해한 용어로 가리려 한다. 그중 하나가 '추가성'인데 해당 사업이 어떤 가치를 추가했는지, 즉 '이 사업을 안 했으면 어쩔 뻔했냐'는 걸 내세우는 항목이다. 기사 기고 당시 조사에서

—•   Patrick Greenfield, "Revealed: more than 90% of rainforest carbon offsets by biggest certifier are worthless, analysis shows", *The Guardian*, 2023.01.18.

위성정보 분석을 도와준 해외의 한 지리정보 전문가에게 "아마도 산림청은 숲이 이만큼이라도 남은 건 우리 덕"이라 주장할 것 같다고 말했다. 그가 답했다. "설마! 만약 그런다면 그들의 기준은 굉장히, 굉장히 낮다." 정곡을 찌르는 말이다. 이 정도를 가짜라고 느끼지 못한다면, 잘못된 건 우리의 기준이다.

숲 전쟁 근미래사*

2021년 6월. 미얀마인들이 민주주의를 위해 싸울 때, 한국인들은 숲을 걸고 싸우고 있었다. 정부군과 반군 모두 숲을 지킨다는 명분을 내세웠으니 둘 중 한쪽은 거짓말을 하고 있는 게 분명했다. 정부군의 선봉엔 산림청이 있었다. 산림청은 탄소를 줄이기 위해 수령이 20~30년 된 나무를 벌목하고 새 나무를 심어 '탄소 순환림'을 만들겠다는 계획을 내놓았다. 그들이 "탄소중립 벌목 정책"으로 (숲에) 선전포고를 한 이유가 탄소를 너무나 줄이고 싶어서가 아니라는 건 삼척동자도 알았다. 늘 그렇듯이 지령은 위에서 내려왔다. 상층부로부터 소위 '탄소 숫자 맞추기 전략'의 일환으로 할당량을 부여받은

---

*　[편집자 주] 이 글은 2022년부터 논란이 된 산림청의 대규모 벌목 정책과 그에 대한 시민사회의 정책 반대 움직임이라는 사실을 기반으로 저자가 픽션적 요소를 가미해 썼음을 밝힌다.

산림청 간부들은 전략을 짜냈다. 국민 혈세로 벌목 사업을 확대해 관련 업계의 배를 불리고, 목재는 펠릿으로 태워 화력발전에 쓰면 재생에너지로 쳐주니 탄소 줄이기 정책으로 포장할 수 있어 임무 완수, 윈윈win-win이라는 기막힌 계책이었다. 반군은 소수 정예였다. 시민기자 최병성, 조경학자 홍석환, 환경운동연합, 기후솔루션 등이 정부군의 강력한 화력에 거의 맨손으로 맞섰고, 몇몇 진보 언론 외에 뜻밖에 《조선일보》가 가담했다. 민간인들은 심정적으론 반군 편이었지만, 정부군의 아성에 도전하길 꺼렸다.

　이것은 실로 비전과 패러다임의 충돌이었다. 숲 보전과 숲 개발 진영의 이념적 간극은 시장의 자유와 규제를 둘러싼 진보-보수의 골 이상으로 깊었다. 정부군에게 숲은 개발·개량·관리의 대상이었다. 숲은 나무였고 목재였고 자원이었다. 그들은 언어의 마술사였다. 숲을 나무농장으로 변형시키는 사업을 '산림 경영·숲 가꾸기·자연 기반 해법'이라는 신통한 말들로 근사하게 포장했다. 반면, 반군은 자연을 단순 자원으로 환원해온 인류의 성적표가 바로 작금의 기후·생태 위기이며, 자연을 대하는 근본적 사고 전환 없이는 이를 극복할 수 없다고 인식하고 있었다.

전쟁의 분수령은 정부가 '2050 탄소중립 시나리오'를 확정 지으며 산림청의 벌목 계획을 사실상 강행키로 천명한 2021년 7월이었다. '민관협의체'라는 회유책을 미끼로 상대를 방심케 한 후 후방 공격을 가한 전형적인 정부군 전술이었다. 치명타를 입은 반군은 그러나 어렵사리 결집의 계기를 마련했다. 절실했던 민간인 추가 참전이 이뤄진 것! 정부군 지원하에 끔찍한 개벌(모두 베기) 공격으로 전국의 숲이 신음하는 걸 더는 보다 못한 민초들이 곳곳에서 봉기했다. 거센 저항의 물결이 일며 정부군의 병참기지였던 국립산림과학원에서도 이탈자가 속출했다. 아니다. 속출은 과장이고, 이탈자는 소수였지만 핵심적인 인물들이었다. 그들의 학자적 양심이, 가혹한 '직장 내 왕따 형刑'을 무릅쓰고 해외 무기를 반군에게 실어 나를 용기를 주었다. 이렇듯 '기후변화에 관한 정부 간 협의체IPCC'의 핵심 인물인 미국 터프츠대학의 윌리엄 무모William Moomaw 박사를 선봉으로 한 "숲 놔두기proforestation" 세력의 지원에 힘입어 반군은 첨단과학으로 재무장하고 전선을 정비할 수 있었다. 오래된 나무와 숲, 관리를 최소화했거나 아예 안 한 숲이 생물다양성이 높고 탄소 저장량이 많다는 정보로 구식 무기에 의존해온 정부군을 융단폭격했다. 당시 전투에 주로 사용된 2008, 2014년식 《네이처》 논문 외에도 "그냥 놔둔 숲의 탄소 저장 능력이 두 배"[•] "숲을 자연 재생하게 놔두면 적극적 산림경영보다 탄소 저장에 우수"[••] 같은 보급품을 받은 반군은 사기충천했고, 이것들을 처음 접해본 국민은 분기탱천했다. '정부군의 말, 다 거짓말이었구나! 방치가 나쁜 게 아니었다!' 더 자세히 알고 보니 미국·캐나다·유럽연합 등 웬만한 나라의 지배 계급도 같은 짓을 하고 있었다. 각국 정부에 맞선 국제 숲-시민군 연합 전선이 형성됐다. 이들은 나무는 물론 동식물·균류·균근·미생물 등 숲의 온 생명과 동맹을 맺으며 참전 이유가 생물 다양성의 수호임을 재확인했다.

전세가 역전되고 철옹성 같던 정부군이 의외로 허술하다는 사실이 드러나면서 마침내 승기가 넘어왔다. 전

——• Erb, KH., Kastner, T., Plutzar, C. et al, "Unexpectedly large impact of forest management and grazing on global vegetation biomass", *Nature*, 553, 2018, p.73~76.
——•• Cook-Patton, S.C., Leavitt, S.M., Gibbs, D. et al, "Mapping carbon accumulation potential from global natural forest regrowth", *Nature*, 585, 2020, p.545~550.

세가 뒤집히자 정부군 우두머리는 가장 먼저 줄행랑을 쳤고 참모들은 복수를 다짐하며 뿔뿔이 흩어졌다. 전권을 쥔 반군은 그러나 전후 대처에 있어서 포용 정책을 펴, 정부 예산을 재분배해 숲 보전에 동참하는 산주에게 보상을 하는 한편, 벌목 부담을 해외에도 전가하지 않는 공정한 시스템의 기틀을 마련했다. 결국 긴 전쟁은 30년 된 나무가 아니라 30년 된 공무원들을 대거 자르는 것으로 막을 내렸다. 숲을 단순 목재가 아니라 기후 위기에 대응하는 인간의 가장 중요한 연합군으로 존중하는 새로운 사상을 가진 소수의 '영혼 있는 전문가'들에게 요직을 맡긴 후 반군은 표표히 해산하며 이 말을 아로새겼다. "자리를 지키려는 자는, 정말로 지키고 싶은 게 있는 사람을 못 이긴다".

도시어부에 반대한다

《물고기는 존재하지 않는다》라는 책이 널리 읽히고 있다. 맞다. 물고기는 존재하지 않는다. 물에 둥둥 떠다니는 고기, 우월한 존재인 인간이 맘대로 갖고 놀고, 출출하면 먹고, 심심하면 버려도 되는 무한한 '자원'으로서의 그 물고기는, 없다. 없어야 한다. 철학자 자크 데리다는 동물이라는 범주 자체에 의문을 제기했다. 그토록 다양한 수백만의 존재를 한 단어 안에 가두려는 무지를 지적하며, 그 개념적 폭력성이 동물에 대한 실체적 폭력으로 이어진다고 지적했다. 동물이란 말도 그러한데 적나라하게 '물의 고기'라니! 대체로 아름다운 우리말 중 예외로 치고 싶은 실패작이다. 그래서 이 문제를 의식하는 사람들은 '물살이'라는 말을 쓰기도 한다.

물론 상기한 책은 어류 권리에 관한 책도 아니고, 물살이에 대한 우리 태도를 바꿔주지도 않는다. 《채식주의

자》를 읽고 채식주의자가 됐다는 사람을 못 본 것처럼, 흥미로울지 모르지만 변화를 촉구하진 않는다(그래서 베스트셀러인지도 모른다). 정말로 널리 읽혀야 할 책은 《물고기는 알고 있다》이다. 물고기란 말에 가려진 어류의 놀라운 기억력·사회성·협동·감정 등 상상을 초월하는 복잡한 세계를 펼쳐주는 명저로, 소설적 반전 하나 없어도 한번 쥐면 놓기 힘들다.

책을 덮으며 생각해본다. 우리 사회는 어떤가? 얼마나 알고 있는가, 물고기가 이토록 많은 걸 알고 있다는 걸? 아직도 어류의 고통이 있네 없네 수준, 아니 거기까지 가지도 못하고 일말의 인식조차 없어 보인다. 낚시가 등산을 제치고 '국민 취미' 1위가 되면서 방송 매체에도 관련 프로그램이 넘친다. 시내버스만 타도 버스 속 화면을 통해 시청을 강요당할 정도로 확산됐다. 낚시 프로그램을 볼 때마다 눈살이 찌푸려진다. 살려고 몸부림 치는 생명을 가운데 두고 낄낄거리며 박수치고 '엄지척' 하며 기념사진 찍는 모습들. 오로지 재미, 오락, 가족 단위 여가라는 미명하에 저지르는 살상이 공공 공간에서 끊임없이 권장되고 각광받으며 재생산되는 풍경···. 살리는 취미도 많은데 하필이면 왜 모두들 잡고 죽이는 취미를 즐길까.

생존을 위해 어류를 죽이고 먹어온 오랜 전통도 되돌아보며 과연 그 방법밖에 없는지 고민하고 대안을 실천하는 사람도 점점 늘어나는 판에. 게다가 최소한 매너라도 좋았다면! 쓰레기는 또 얼마나 많이 배출하는지….

내가 속한 해양환경 단체 시셰퍼드 코리아는 바다 청소를 자주 가는데 매번 낚시터 주변이 가장 지저분하다. 공공을 생각하는 낚시인은 소수라는 걸 낚싯줄·추·찌 등 해안에 셀 수 없이 많이 널브러진 낚시 쓰레기들이 고스란히 증명한다. 이런 문제들 때문에 낚시 면허제가 거론된 것도 벌써 수십 년째이다. 물론 이 제도가 어류 권리를 고려해서 나온 건 당연히 아니다. 빈번한 안전사고, 무분별한 포획(2016년에 연근해 어획량의 약 12퍼센트였다), 그로 인한 어업인과의 갈등, 쓰레기(특히 플라스틱) 문제 등 때문이다. 그런데도 '낚시계'의 반대와 (늘 그렇지만) 정부의 의지 부족으로 진척이 없다. 낚시 인구 천만 시대에 한국에서 적을 만드는 가장 좋은 방법은 낚시에 딴지를 거는 것. 어떤 공무원이 나서겠는가? 게다가 본인부터 규제 없이 낚시를 즐기고 싶을 텐데!

물론 면허제를 시행한다고 문제가 해결되는 것도 아니다. 낚시 면허제 공방은 지극히 기초적이고 당연한, 최소한의 규칙조차 없는 현주소를 보여줄 뿐이다. 사실 내가 가장 먼저 소망하는 변화는 '낚시 예능'이라는, 약한 존재에게 가하는 폭력의 일상화·오락화를 공고히하는 방송물부터 사라지는 것이다. 고기나 살육 자체보다 바다와의 교감, 고요의 음미를 선호하며, 미늘 없는 낚싯바늘을 사용해 잡자마자 놓아주는 낚시인이라면 이 정도 변화는 반기지 않을까(라고 착각에 빠져본다)? 정작 널리 방송을 타야 할 정보는 이를테면 이런 것이다. 잡자마자 풀어주는 소위 가장 '무해하다'고 통용되는 낚시조차 어류의 보호용 점액층과 피부를 손상시켜 결국 죽음에 이르기 쉽게 만든다는 사실….

북아메리카 원주민 크리족의 유명한 속담이 있다. "마지막 나무를 베고 나서야, 마지막 물고기를 먹고 나서야, 마지막 시냇물을 오염시키고 나서야, 그제야 인간은 깨달을 것이다. 돈을 먹고 살 수 없다는 것을." 이 지혜로운 말도 미세플라스틱 쓰레기에 신음하는 인류세 시대에 맞게 살짝 수정돼야 한다. 가령 이렇게. "마지막 물고기를 먹고 나서야 인간은 깨달을 것이다, 플라스틱을 먹었다는 것을." 그런 의미에서도 우리가 생각하는 그 물고기는, 존재하지 않는다.

기후 수치 climate shame

그동안 우리는 잘도 아이들을 팔아왔다. "후손" "미래의 희망"…. 아이들은 연설 속에 늘 존재했다. 그리고 마침내 왔다, 정말로 그들을 위해 뭔가 보여줄 때가. 그러자 갑자기 그 많던 어른들이 전부 사라져버렸다. 대신 무책임한 애어른만 즐비하다.

지금 세상엔 두 부류의 사람이 있다. 기후위기를 진지하게 대하는 자와 아닌 자. 전자는 소수이고 학생·청년층이 많다. 기후변화가 그들의 미래 전반에 지대한 영향을 미치기 때문이다. 그들이 그리는 미래는 기성세대와 전혀 다르다. 고용 불안과 고도 경쟁으로 찌든 풍경에, 엎친 데 덮친 격으로 기후가 암담한 그늘을 제대로 드리웠다. 그들에게 "힘내, 잘될 거야"라는 말은 위선, 아니 속 뒤집는 소리다. 이런 식으로 해서 잘될 리가 있나! 그러니 잘라라, '격려'하는 그 손을.

물론 모든 젊은 세대가 기후에 반응하는 건 아니다. 그래서 각성한 이들은 '기후 우울'을 겪고 고립되기 쉽다. 나에겐 그들의 예민함이 희망으로 느껴지지만, 그들이 절망하는 가장 큰 원인이 다름 아닌 우리 기성세대란 것을 잘 안다. 실컷 망쳐놓은 지구를 물려줘놓고는, 아무 일 없다는 듯 태연히 늘 하던 대로 '해먹고' 있으니 얼마나 눈꼴사나울까. 일상의 실천도 안 보이고, 거시적인 정책들도 거꾸로 간다. 그들은 기성세대를 애써 좋게 봐주려고 노력도 한다. 설마, 그래도 어른들인데 한편에선 진지하게 고민들을 하겠지? 순진한 기대다. 우리는 정말로 아무 생각이 없다! 그렇지 않고선 화석연료에서 하루라도 빨리 벗어나야 할 때에 '구린' 뉴딜*, 신규 석탄발전소 공사, 해외 석탄발전소 투자 같은 일들이 이렇게 버젓이 추진되는 건 불가능하다. 이제 명확해졌다. 기

───　* 문재인 정부가 포스트 코로나19 시대를 대비하기 위해 정보통신 분야의 뉴딜 정책과 환경 분야의 그린뉴딜 정책을 발표했으나 구체적 계획이 확정되지 않아 실효성 논란이 있었던 데다 신규 석탄화력발전 사업을 여전히 유지하는 기조를 보여 비판받았다. 이후 윤석열 정부에 들어 그린뉴딜 정책은 사실상 폐기됐는데(기존 석탄화력발전 계획은 유지된다), 국내 온실가스 배출량이 가장 많은 산업계의 감축 부담을 오히려 줄여주고(2030년 목표를 14.5퍼센트에서 11.6퍼센트로 조정했다), 재생에너지 발전 비율을 축소하는 등 후퇴 일로를 걷고 있다.

득권과 기성세대에게 기후는 의심의 여지 없이 남 얘기다. 겉으로 무슨 말을 하든, 대외적으로 무슨 연설을 하든 속으로는 "날씨란 건 늘 변해왔고, 살아생전엔 별일 없으리"라는 게 그들의 인식 수준이다. 이 태도는 젊은 세대에게 이렇게 번역된다. "우린 누릴 만큼 누리다 가마. 엿 먹어봐라."

한국의 젊은 세대는 그래도 착하다. 어쩌면 지나치게 착하다. 코로나19가 가진 자와 젊은 몸보다 중장년층에 더 치명적임이 드러났음에도 생물학적 '강자'인 젊은 층은 방역에 상당히 협소적인 편이었다. 외국에선 나 몰라라 파티에 빠지는 이들도 굉장히 많은데 말이다. 어쩌면 진짜 필요한 딜deal은 '세대 간 뉴딜'이다. **자, 우린 덜 취약한데도 방역에 열심히 동참해줬잖아. 이제 당신들 기성세대도 기후에 신경 좀 써줄래?** 코로나19도 기성 체제의 산물임을 고려하면 사실 백번 양보한 거래인데도 이 가상의 제안은 이미 철저히 배신당했다. 자기 건강은 그토록 소중해 '코로나19 인지 감수성이 낮아 방종하는 젊은 층'을 쉽게 비판하면서 기후위기 감수성은 처참한 수준인 어른들에게 무슨 기대를 하겠는가.

대기오염 문제는 마스크 씌우고 공기청정기 사주면

끝이라고 여기는 것, 탈석탄·에너지 전환 이슈를 진영 정치화하는 것, 안보 위협·대량 실업·사회 붕괴로 이어질 기후 난민 증가를 무슨 공상이나 과장쯤으로 치부하는 것, 축산업으로 인한 환경 파괴 때문에 채식을 하겠다는데 "너 혼자 그런다고 바뀌냐"라며 핀잔이나 주는 것…, 모두 전 지구적 생태 위기에 극히 둔감한 인식을 반영하는 우리 '어른'들의 전형적인 인식이고 행태다. 구세대의 민주화에 준하는, 아니 어쩌면 그보다 더 보편적이고 긴급한 어젠다가 기후임을 이해하지 못하면 가만히라도 있으라. 기후 시위 나가려는 자식에게 "어쨌든 좋은 학교 나오고 부자가 되면 무슨 위기든 유리할 테니 일단 돈과 학벌부터" 따위의 교훈을 가르친답시고 억장이나 무너뜨리지 말고.

나는 수치스럽다, 기후 악당 국가의 국민이라서, 또 이렇게 된 데 책임이 큰 기성세대 중 한 명이라서. 어쩌다 청소년 활동가들을 만날 때마다 너무도 미안해 초면부터 사과를 하고 싶지만 그조차 무책임하게 느껴져 접는다. 한 10대 활동가가 내게 물었다, 이 판국에 어떻게 힘을 내냐고. 힘? 솔직히 안 난다. 내 세대와 위 세대를 보면 대개 힘보단 화가 난다. 하지만 부끄러워서 낸다. 조금이라도 덜 부끄러우려고 뭐라도 하려고 한다. 이 수치심은 나의 탄소 발자국만큼이나 쉽게 지워질 성격의 것이 아니다. 하지만 지구 가열을 섭씨 2도 이하로 막을 수 있는 시간이 10년도 채 남지 않았다는 걸 알기에 수치라도 연료로 태우련다, 화석연료 대신에.

스위스 안락사 클럽

취리히에 사는 스위스 친구와 채팅을 하다가 안락사가 화제에 올랐다. 스위스에서 이른바 '조력자살'이 허용된다는 뉴스는 새로울 것도 없지만, 나는 현지 사회가 이를 어떻게 수용하는지 자못 궁금했다. 친구에 따르면 주변에 조력자살 사례 하나쯤 모르는 사람이 없을 만큼 보편화되었다고 한다. 또 인근 유럽 국가에서도 안락사가 합법화되면서 '원정 자살' 장소가 스위스 바깥으로 점점 분산되는 추세란다. 나는 친구에게 지난해 한국에서 듣게 된 독특한 계모임 '스위스 안락사 클럽'에 관한 소문을 들려줬다. 40~50대 솔로들로 이뤄진 이 소모임은, 보아하니 홀몸일 게 뻔한 말년에 간병인에 의지해 연명하기보다 스스로 삶을 마감하겠다는 이들이 가입하는데 부담스러운 비용(2000만 원 이상) 마련을 위해 곗돈을 부어두자는 취지로 결성됐단다. 이 얘기를 들은 스위스 친구는 자살을 낭만화한 발상이라고 여겼던 것 같다. 그는 조력자살에서 죽음 자체는 약 복용 뒤 몇 분 안에 끝날지 몰라도, 그 모든 과정은 높은 비용 말고도 까다로운 서류 작업과 동의 절차를 거쳐야 하고 유가족에게 심리적 후유증이 남는 등 굉장히 복잡하다고 강조했다.

하지만 생각해보면 한국에서 '평범하게' 죽는 것 역시 전혀 간단하지 않다. 한 번이라도 상을 치러본 사람이라면 사후 '뒤처리'의 고충이 어떤지 알 것이다. 게다가 우리의 평균 총 장례비가 거의 1400만 원(2015년 한국소비자원 통계 기준)에 육박하니, 이래저래 목돈이 드는 걸 감당하기도 피하기도 어려운 현실이다. 이런 클럽이 정말로 실존하는지 모르지만 고독사가 점점 증가하는 판국에 충분히 나옴직한 '대비책'이 아닐까 싶다. 솔직히 나부터 귀가 솔깃한다.

그런데 이 소문 속 클럽과 전혀 다른 동기로 실제 자살을 감행한 이들의 소식에 다시 마음이 착잡해진다. 바로 '기후 자살자'들이다. 지난달 미국 연방대법원 앞에서 한 활동가가 기후위기를 알리기 위해 분신자살했다. 2018년, 환경운동가 겸 인권변호사 데이비드 버클이 화석연료의 위험성을 경고하며 뉴욕에서 자살한 지 4년

만이다. 이외에도 자살은 아니지만 2021년 8월 영국의 한 성직자가 기후위기에 침묵하는 언론에 항의하며 루퍼트 머독 소유의 언론사* 앞에서 자신의 입을 실로 꿰맸고, 이달 초에는 영국 기후활동가들이 미술관 명화들에 신체를 접착해 석유 사용 금지를 촉구하는 등 시위 강도가 점점 높아지고 있다.

소리 소문 없이 사라지려는 전자의 자살관과 극히 대조적으로, 긴급한 메시지를 가능한 한 떠들썩하게 알리려고 삶을 '내던진' 이들. 언론은 흔히 자살의 전염 효과와 모방 심리를 경계해 "극단적 선택"이라고 에둘러 말하는데 이는 잘못된 표현이라는 주장이 제기되고 있다. '선택'이 아닌 경우도 많다는 게 주요 논리다. 십분 동의할 수 있는 비판이다. 한 걸음 더 나아가, 나는 '극단적'이라는 말에도 딴지를 걸고 싶다. 내게 가장 극단적으로 보이는 것은, 기후 자살도 조력자살도 아닌 **현상 유지**라

⟶ 세계적 언론 재벌 루퍼트 머독은 미디어그룹 뉴스코퍼레이션을 소유하고 있으며 수십 년간 기후위기를 부인하는 뉴스와 잘못된 정보를 확산해왔다. "미국 비영리 소비자단체 퍼블릭시티즌에 따르면, 2019년 기준 뉴스코퍼레이션에 포함된 폭스 뉴스의 기후 관련 보도 중 80퍼센트 이상이 기후위기를 부인하는 내용인 것으로 나타났다." (출처: 남주원, 〈기후위기 부정하다 '악당' 꼬리표 단 저커버그와 머독〉, 《뉴스펭귄》, 2021년 10월 29일.)

는 선택이다. 연일 심화하는 기후 재난에 수수방관하는 정치 그리고 이를 받아들이는 우리야말로 극단적으로 안일하고, 극단적으로 무감각하고, 극단적으로 무책임하지 않은가?

서로 다른 이 두 가지 자살은 죽음에 대해 성찰하게 만든다. 실은 나도 때가 되면 스스로의 힘과 의지로 조용히 세상을 뜨고 싶다. 스위스든 어디든 아무도 모르는 곳으로 가서, 늙은 코끼리가 동굴을 찾아가듯이 표표히… 하지만 시대가 너무나 부조리하다면 안락하게 잘 사는 것만큼이나 '안락하게 죽으려는' 심리에도 떳떳하지 못한 구석이 있다는 생각이 든다. 동시에 메시지가 있는 분신자살의 시대도 가버린 것 같다. 이젠 별로 충격도 주지 못하거니와 어쨌든 인간은 죽음보다는 삶에서 가능성을 길어내는 존재이니 말이다. 기후 때문에 진심으로 세상 걱정이 된다면 차라리 '죽기 전에 꼭 해야 할 기후 행동' 목록을 만들고 하나씩 실천해보면 어떨까?

나의 긴 목록 중에 모두에게 추천하고 싶은 것이 있다. 매해 9월 전 세계적으로 기후 파업 시위가 조직되고 서울에서도 대규모 기후정의행진이 열리는데 여기에 참여해보는 것이다. 그 행진에선 단지 살아 있는 것만으로, 그래서 머릿수를 채우는 것만으로도 작지만 확실한 공헌을 할 수 있으니. 9월엔 광장에서 만나자!

2부

탈인간중심주의

안티 자백

"와닿지 않는다"라는 말이 무기가 되었다. 독자·관객·시청자·국민·유권자의 무기가. 소통과 공감의 시대에 '밀착형'이 아닌 콘텐츠는 설 자리가 없다. 와닿지 않는다는 선고는 실패의 인증. 이 낙인이 찍힌 메시지가 있다면 잘못은 메시지 자체 혹은 송신자에게 있다. 수신자가 틀리는 법은 없다. 손님이 왕이다. 왕들이 주머니를 열도록 '확 와닿게' 메시지를 가공할 줄 아는 자 또한 왕이다. 핫이슈와 클릭 수와 셀럽들이 견인하는 '주목 경제' '관심 경제'의 물결은, 조금이라도 낯설거나 장기적이거나 공부가 필요한 이야기들을 가시권 밖으로 멀리 밀어낸다. 아무리 중요하고 급하고 의미가 있어도.

전염병은 확 와닿는다. '전염병 위기'라는 수식도 필요 없다. 지난 팬데믹 동안 전 국민이 '팬데믹' '비말' 'KF94' 같은 낯선 단어까지 줄줄 외웠으니. 반면 기후위기는 참 안 와닿는다. 온갖 근거를 들어 위기를 강조하고 겁을 줘봐도, 혹은 탄소 배출부터 친절히 설명해봐도 반응은 한결같다. 그래, 좋은 얘기지. 하지만 그게 당장 나랑 무슨 상관이람?

사람이건 사회건 즉각적인 1차원적 메시지에만 반응하다 보면 정말 1차원에 갇힌다. 1차원 중의 1차원이 '에고$_{ego}$'이다. 이토록 '나'에 탐닉하기 좋은 세상이 있었던가? 나만의 채널 만들기, '나라는 브랜드' 구축하기를 장려하는 사회 속 승자는 당당하거나 귀여운 나르시시스트다. 꾸미고 가꾸고 찍고 뽐내리! 먹방, 운동 루틴, 브이로그…. 내용에는 제약이 없다. 단 "시시한 걸 올릴 가치가 있을까?" 따위의 의심이나 성찰은 금물이다. '자뻑'은 심지어 정신 건강에도 좋단다. 자존감 낮은 이들의 신종 치유책이란다. 성공한 자들의 장황한 자기 얘기를 듣노라면 과연 자기중심적 나르시시즘이 비결이구나 싶기도 하다. 시류가 이러하니 자기애성 성격장애$_{narcissistic}$ $_{personality\,disorder}$가 늘고 있고, '나르시시즘은 환상에 기초하기에 깨지는 순간 기다리는 건 한없는 우울뿐'이라는 충고는 무시당한다.

짬만 나면 셀카를 보는 이들, 애인과 찍은 사진 속에

서도 자기 얼굴에 먼저 눈이 가는 이들을 보면 궁금해진다. 자기애도 어느 정도 하면 지겨워지지 않을까? 천만에, 서로의 자아도취를 따뜻이 지지해주는 상부상조 덕분에 문제없다. 수만 명의 팔로어를 거느린 '인플루언서'라면 "거울아, 거울아, 누가 제일 예쁘지?" 묻기만 해도 '좋아요'와 하트 행렬이 이어지리라. 또 평범한 사람이라 해도 소소한 포스팅에 반응해주는 자상한 팔로어 한 명은 있기 마련. '우쭈쭈의 생태계'는 이렇게 잘 보존된다.

자기에 흠뻑 취한 개인들이 모인 사회의 모습은 어떤 걸까? 사회학자 리처드 세넷은 《공적 인간의 몰락The Fall of Public Man》에서 "나르시시스트적 규준"에 물든 사회는 스스로의 이미지를 거울에 비춰주는 사회 현상만 유의미하게 해석한다고 지적했다. 뒤집어 말하자면 우리 이미지를 직접 비추지 않는 현상은 의미를 잃는다는 뜻이고, 거칠게 말하자면 '국뽕'(혹은 반대로 자국 혐오 표현인 '국까')의 재료가 될 일이 아니면 아예 관심사도 못 된다는 뜻이다. 바깥을 보라고 밖으로 나 있는 눈을 가지고 어떻게든 자기 자신만 보려고 애쓰는 형상이다. 늘 '세계 속 우리의 위상' '외국의 한국 칭찬' 유의 소재가 초미의 관심사인 우리의 외신 보도 경향도 집단적 나르시시즘의 징후이다. 자기애적 근시안에서 관심사가 손톱만큼 확장되는 드문 경우조차 내 가족-내 새끼-내 종족의 자장을 벗어나지 못하는 변형된 나르시시즘이 대부분인 것이다.

브라질의 인류학자이자 탈인간중심주의의 핵심 사상가 중 한 명인 에두아르두 비베이루스 지 카스트루는 "안티 나르시스"라는 개념을 진지하게 고민한다. 아마존 원주민을 연구한 그는 '타자(비서구)'를 연구한다고 내걸었던 기존의 인류학도 결국은 자기(서구)를 기준으로 한 인식 틀에 갇혀 있다고 비판했다. 그는 아마존 원주민들에게서 공통적으로 나타나는 소위 관점주의적 경향을 통해 나르시시즘에 빠진 서구 위주의 시선을 전복하려 한다.

우리는 '서구'에 속하지 않기에 다를까? 내가 보기에는 서구의 시선을 때로는 서구인보다 잘 내면화한 것 같다. 더 큰 문제는 이 나르시시스트 인류가 굳게 믿어온 인간예외주의이다. 호모사피엔스만이 특별하고 우월한 종이라는 잘난 사상 덕분에 전례 없는 생태계 위기가 찾아왔다. 고로 나는 의심한다. 정말로 나와 상관도 없는 연예인의 신변잡기는 그토록 와닿고, 전 지구적 생태 위기는 전혀 피부에 와닿지 않는다고? 그렇다면 그 피부가 문제다! 회복 불가능한 지구 가열을 막아낼 시간이 겨우 10년 남았다고 기후학자들이 경고한 게 벌써 몇 년째인데도 와닿지 않는다고? 그럼 **가닿으라**! 기후위기가 말 그대로 피부에 와닿는 순간이 온다면 그땐 이미 게임 오버니까.

소는 (진짜로) 억울하다

상식 뒤집기는 언제나 솔깃한 콘텐츠다. 그러나 모든 뒤집기가 '무죄'는 아니다. 부실하거나 무책임하거나 심지어 위험한 상식 뒤집기도 있다. 기후 상식을 뒤집으려는 시도는 주로 기후위기를 불러온 장본인들로부터 나왔다. 석유 회사 엑슨 모바일은 최소 1970년대 혹은 그 전부터 그들의 화석연료 사업이 지구가열의 주원인이란 사실을 알면서도 고의로 '물타기' 홍보전에 총력을 기울여왔다. 이외에도《지구를 위한다는 착각》《소고기를 위한 변론》등 '기후보수'들이 반기는 정보는 넘쳐나며, 지금도 변화를 거부하는 쪽에서 꾸준히 생산 중이다. 물론 이들은 한 목소리로 기후변화 자체를 부정하는 게 아니라 균형을 잡는 것뿐이라고 주장한다. 과연 누구를 위한 균형일까?

최근《한겨레》의 기후변화 특별기획 기사 "소는 억울

하다"를 읽었다. 이 시리즈의 요지는 소가 온실가스의 주범이라는 상식이 과장됐다는 것. 가령 "교통수단보다 소의 온실가스 배출량이 많다는 주장은 비교의 범주도 잘못됐고 그 자체로 틀렸다"라고 주장한다. 그런데 소라는 단일 종과 교통부문 전체 배출량을 비교하는 경우 자체가 거의 없다. 허수아비 때리기나 다름없다. 실제로 자주 비교되는 건 축산과 교통 분야의 비교인데, 축산 배출량을 최소 16.5퍼센트로 봐야 한다는 최근 연구[*]가 나오는 등 여전히 교통 분야 배출량(14퍼센트 내외)보다 적다고 단정할 수 없다. 축산의 직접적 온난화 영향만 따지면 23퍼센트까지 추산되기도 하고,[**] 미국 하버드대학교 헬렌 하워트의 연구는 축산이 이대로 가면 2030년엔 온실가스 감축 예산의 37~49퍼센트를 차지할 것으로 예측한다.[***]

——[*]   Twine Richard, "Emissions from Animal Agriculture—16.5% Is the New Minimum Figure", *Sustainability*, 13(11), 2021.
——[**]   Reisinger, A., Clark, H., "How much do direct livestock emissions actually contribute to global warming?", *Global Change Biology*, 24(4), 2018, p.1749~1761.
——[***]   Helen Harwatt, "Including animal to plant protein shifts in climate change mitigation policy: a proposed three-step strategy", *Climate Policy*, 19(5), 2018.

축산·교통처럼 성격이 다른 분야끼리 온실가스 배출량을 직접 비교하는 데 한계가 있다는 것, 향후 새로운 연구들이 나오며 수치가 변할 수 있다는 건 누구나 인정한다. 그렇기에 통계는 특정 수치를 절대시하기 위해서가 아니라 큰 그림을 파악하기 위한 자료로써 활용해야 한다. 즉 도토리 키 재기보다 중요한 것은 어떻게 계산을 하든 축산이 교통분야 전체에 견줄 만큼 온실가스 배출이 많다는, 이전까지 대부분이 간과해온 사실의 무게를 깨닫는 것이다. 널리 인용되는 2020년 《사이언스》 논문에 의하면, 지금 당장 화석연료 사용을 멈춰도 식량 부문 온실가스를 감축하지 않으면 섭씨 1.5도 제한 목표를 달성할 수 없고, 식량 부문 감축을 위한 최선책은 식물성 식단으로 전환하는 것이다.[•] 기사도 인정하듯 "소가 주요 온실가스 배출원이라는 부정할 수 없는 사실"을 환기한다면 차라리 축산의 (덜 알려진) 다른 환경 영향들을 조명하는 것이 기후대응 차원에서 더 필요한 기획이 아니었을까. 가령 탄소·메탄·아산화질소 같

— •   Michael A. Clarck, Nina G. G. Domingo, "Global food system emissions could preclude achieving the 1.5° and 2℃ climate change targets", *Science*, 370(6517), 2020, p.705~708.

94

은 온실가스 말고도 수질·토질 오염, 물 부족, 서식지 파괴, 종 다양성 감소, 해양 산성화 등 기후변화에 간접적으로 기여하는 심각한 환경 문제를 야기하면서 생산된 동물성 식품이 정작 효율성은 매우 낮다는 사실 말이다 (전 세계 농지 77퍼센트를 사용해도 전체 칼로리의 겨우 18퍼센트, 단백질의 37퍼센트밖에 제공하지 못한다).[•] 반면 동일한 단백질량을 소고기에서 콩류로 대체하면 온실가스 배출량은 46분의 1로 줄일 수 있고,[••] 아예 채식을 하면 식량 부문 배출을 70퍼센트까지 줄일 수 있다.[•••] 이런 사실들을 우리 언론은 종합적으로 파악해 적극 알렸는가? 또 대중은 잘 알고 있는가? 턱없이 부족하다. 축산-기후와 관련해 가장 아쉬운 건 이런 공백을 심도 있게 파고드는 공론장의 목소리이다.

———• Hannah Ritchie, "Half of the world's habitable land is used for agriculture", *Our World in Data*, 2019.11.11, https://ourworldindata.org/global-land-for-agriculture.

———•• Helen Harwatt, "Including animal to plant protein shifts in climate change mitigation policy: a proposed three-step strategy", *Climate Policy*, 19(5), 2019, p.533~541.

———••• Springmann, M., Godfray, H.C., Rayner, M., Scarborough, P., "Analysis and valuation of the health and climate change cobenefits of dietary change", PNAS(Proceedings of the National Academy of Sciences of the United States of America), 113(15), 2016, p.4146~4151.

그런데 이 기획 기사처럼 지엽적 '상식 뒤집기'에 집중하면 결과적으로 축산업계의 방어 논리에 기여하기 쉽다. 실제로도 "국내에서 사육되는 소가 (중략) 직접 배출하는 온실가스 배출량은 국내 전체 배출량의 1퍼센트 정도다. 소가 기후위기의 주범이라 보기에는 민망한 수치"라며 육우 산업을 옹호하고, 한우의 '우수성'을 알리는 내용도 충실히 전하고 있다. 이는 흔히 범하는 오류다. (국내 소의 실제 배출량도 더 따져봐야겠지만) 소고기 자급률이 30퍼센트인 나라에서 먹는 수입 소 70퍼센트는 우리 책임이 아닌가? 또 엄청난 양을 수입에 의존하는 축산 사료는 고려 안 하나? 문제의 일부분만 보고 결론을 내리는 반쪽짜리 셈법*은 누구에게 유리할까. 균형 잡기란 명분하에 축산의 악영향이 과장·단순화되었다는 메시지를 전하는 기사의 논조는 축산업계의 논조와 놀랄 만큼 유사한데, 이게 끝은 아니다.

소의 메탄 가스 관련 '오해'도 마찬가지다. "메탄은 온

──●   이 오류는 에너지 부문에도 일어난다. 가령 우리 기업이 베트남에 지어 돈을 버는 석탄발전소는 우리 온실가스 배출량에 포함시키지 않는데, 이는 경제선진국이 후진국에 기후 관련 책임을 전가하는 전형적인 눈가림 셈법이다.

실가스 효과가 강력한 대신, 대기에 오래 머무르지 않는 데 위험이 과장됐다"는 주장 역시 축산업계가 흔히 꺼내는 카드 중 하나인데 기사는 무비판적으로 인용한다. 메탄을 줄일수록 온난화를 역전시킬(식힐) 수 있다는 건 누구도 부정 못하는 사실이라 과학자들은 서둘러 감축해야 한다고 강조한다.[•] 자칫 "메탄은 자연 상쇄되므로 무해하다"고 착각하게 만드는 발언은 온난화 메커니즘을 잘못 이해했거나, 변화를 지연시키려는 이들이 시간을 벌려고 퍼뜨리는 수사이다.[••] 메탄의 문제는 인정하되 소 사육 두수를 줄이는 대신 사료만 조금 바꿔서 가스를 줄이려는 시도(기사도 적극 소개했다)의 경우는 어떨까. 업계·정부가 지원하는 연구들이라 중립성을 점검할 필요도 있는 데다, 그나마 약속한 저감 목표를 한참 밑도는 실망스러운 결과가 나오고 있다.[•••] 그 어떤 기똥찬 방법도 육류, 특히 적색육을 식단에서 빼는 것만큼 빠르

——• "Control methane to slow global warming fast", *Nature*, 596, 2021, p.461.
——•• Matthew N. Hayek, Scot M. Miller, "Underestimates of methane from intensively raised animals could undermine goals of sustainable development", *Environmental Research Letters*, 16(6), 2021.
——••• Graham Readfearn, "Australian trial of seaweed cow feed fails to achieve hoped-for methane cuts", *The Guardian*, 2023.07.13.

지도, 효과적이지도, 확실하지도 않다.

　내게 가장 불가해한 부분은 시리즈의 제목 "소는 억울하다"이다. 소가 기후위기의 주범으로 몰리니 누명을 벗기겠다는 취지인 듯한데 그렇다면 과녁이 완전히 빗나갔다. 누군가 "소고기는 기후 악당"이라고 비판할 때, 그것이 소라는 죄 없는 동물이 아니라 산업을 향한다는 건 삼척동자도 안다. 기자에게 억울한 건 소 산업과 그 소비자 같다. 소의 입장에서는, 자신을 가두고 강제 임신시키고 자식·우유를 빼앗고 머리에 타격 총을 쏴 기절시키고 목을 베 거꾸로 매다는 산업 때문에 억울하지, 그 산업을 향한 비판이 억울할까.

　이쯤 되니 "소고기, 생각보단 오케이"에서 시작해 소의 행복과 육질·마블링을 동시에 고려하려는 이 혼란스러운 기획의 배경이 궁금해진다. 과도한 기후 염려 때문에 범국민 탈육식 운동이 걷잡을 수 없이 퍼졌나? 그래서 고기 소비를 죄악시하는 문화가 생기고 축산·육류업이 '억울하게' 타격받기라도 했나? 아니면 '과장된' 기후 상식 때문에 다들 소고기를 지양하고 돼지고기로 갈아타 소고기 업계가 휘청거리나? 정반대다. 국내 육류 소비는 지난 20년간 폭발적으로 증가해 바야흐로 밥보다고기를 더 먹는 시대가 도래 중이고, 1인당 소고기 소비량은 이웃 일본의 두 배에 달한다. 만약 사람들이 소보다 닭을 더 먹는다면 대부분은 가격 때문이다. 채식은 여전히 한국에서 절대적 소수자 신세로, 실천하려면 불편하기 짝이 없다. 탄소 배출을 줄이기 위해 겨우 월 1~2회 채식 급식을 시도하는 소수의 학교도 학생·학부모의 강한 반발에 직면하는 게 현실이다. 한마디로 육식과 축산에 대한 문제 제기와 인식은 아직 씨알도 안 먹히고 있다. 축산업 전환은 정부도 엄두 내지 못할 만큼 강력한 이해관계와 범국민적인 저항에 부닥치기 때문이다. 언론이나 학계에서도 축산 전환을 적극 주장하는 이는 찾아보기 힘들다. 어쩌다 있으면 좁은 비건 커뮤니티 안에서 맴돌 뿐 '진짜' 공론장에선 언급도 안 된다. 가뭄에 콩 나듯 나오면 소비를 늘려 문제를 악화시킬 기술지원 얘기 정도지, 생산·소비 감축은 말도 못 꺼낸다.

한국뿐만이 아니다. 유엔기후회의COP도 사정은 마찬가지다. 매번 축산 이슈가 누락돼 전 세계 기후활동가들을 절망케 한다. 최근 네덜란드의 경우, 심각한 토양의 질소 오염 문제를 해결하기 위해 정부가 어렵게 추진한 가축 사육 두수 축소 정책에 업계가 강력히 반발해 집권당이 선거에 완패하고, 연정 붕괴와 총리 사임으로까지 이어졌다. 그나마 영국《가디언》등 소수의 진보언론과 독립 저술가들만 축산업에 직설을 하는 정도다. 축산·육류 업계는 강력한 이해관계 집단이다. 이들이 기후 대응에 따른 변화를 막거나 늦추려고 얼마나 로비를 벌이는지 확인한 최신 연구[*]와 탐사보도 기사[**]도 있다. 이렇게 '기울어진 운동장'을 이 기사는 파악하지 못하거나, 기울기를 반대로 이해하고 있다.

"기후 특집"을 내건 이 기획의 지향점은 뭘까. 안 그래도 변할 생각이 없는 정부·축산업계·육류 소비자들에게 변화 거부를 합리화할 핑계를 더 제공하는 것? 가뜩이나 축산 민원 많은 좁은 땅에 한우를 더 늘리는 것? 기존에 축산에 문제가 있다고 생각했던 이들도 '생각보다 복잡하군. 좀 더 지켜봐야겠어. 일단은 하던 대로…'

——— Simona Vallone, "Public policies and vested interests preserve the animal farming status quo at the expense of animal product analogs", *One Earth*, 6(9), 2023.11.15, p.1213~1226.

———•• Arthur Neslen, "'The anti-livestock people are a pest': how UN food body played down role of farming in climate change", *The Guardian*, 2023.10.20.

라고 생각하게 하는 것? 의도가 무엇이든 변화보다 무행동을 야기할 가능성이 농후한 기획으로 보인다. 그리고 이것이야말로 기후 부인론자들이 가장 바라는 바다. 흡연과 건강의 상관관계에 관한 연구가 한창 나올 때 담배 회사들이 벌인 홍보 전략이 떠오른다. 그들의 목적은 대중에게 흡연이 좋다고 설득시키는 게 아니라 단지 혼란스럽게 만드는 것이었다. 그것만으로도 행동(금연)을 미루게 만드는 데 충분하다는 걸 알기 때문이다.

유엔사무총장이 "지구가 온난화 단계를 넘어 **끓어오르는** 시대다" "인류가 지옥의 문을 열었다"라고 외치고 다닐 만큼 기후 사정은 하루가 다르게 악화 일로를 걷고 있고, 우리가 손써볼 시간은 빠르게 줄어들고 있다. 한시가 급해서 그런지 나에겐 "침착하고 균형감 있게 주위를 둘러보고"(이 기획의 편집자 말) 있을 여유가 없다. 특히나 육류산업 때문에 무참히 파괴되는 아마존 밀림***에서 고통받는 원주민들 그리고 숲속 동식물과 수 개월간 함께 살며 현장을 목격한 사람으로서 더욱 절박한 심정이다. 그래서 충언하지 않을 수 없다. 축산은 기

───*** 아마존 산림파괴의 원인이 되는 남미산 대두의 96퍼센트 이상은 가축사료와 식용유로 사용된다.

후·생대 위기의 원인으로 수위를 다투는데도 변화에 가장 둔감한 분야 중 하나다. 지금 시급한 건 축산의 전환, 특히 생산·소비의 대폭적 감축이란 방향을 선명하게 제시하는 것이다. "우리가 먹는 방식을 바꾸는 것만으로 지구를 구할 순 없지만, 먹는 방식을 바꾸지 **않고** 구하기란 아예 불가능하다."•

——• Jonathan Safran Foer, *We Are the Weather: Saving the Planet Begins at Breakfast*, Farrar, Straus and Giroux, 2019, p.145. ([편집자 주] 이 책은 국내에 《우리가 날씨다》(민음사, 2020)라는 책으로 번역되어 출간되었다. 본문의 인용문은 저자가 원서를 읽고 직접 번역한 것이다.)

물 들어올 때 노를 놓고

글 시작부터 거대 담론을 꺼내자면 그리고 카뮈가 《시지프 신화》에서 "유일하게 진지하게 고민해야 할 철학적 문제는 자살뿐"이라고 한 말을 흉내 내자면, 현 인류가 답해야 할 가장 중요한 질문은 이것이다. "어떻게 진보와 성장을 분리(디커플링)할 것인가." 여기서 성장이란 국내총생산GDP으로 대표되는 양적 경제성장을 말한다. 인류는 이 성장이라는 절대 명제를 좇은 현대사를 통해 전례 없는 물질적 풍요를 이뤘고, 한국도 그 성공 사례 중 하나로 꼽히게 됐다. 그런데 로마클럽의 유명한 1972년 보고서 《성장의 한계》 이후, 바로 그 성장이 우리의 생명유지시스템(지구)을 위협하는 원인이라는, 그래서 성장제일주의를 고집하는 한 기후·생태 위기를 피할 수 없다는 반성이 점점 커지고 있다. 여기까진 하려는 얘기의 배경이다.

언젠가부터 "물 들어올 때 노 저어라"라는 말을 자주 듣는다. 한창 주목을 받고, 일감이 들어오고, 기회가 주어질 때 이를 놓치지 말고 최대로 활용해 이익을 극대화하라는 뜻으로 경제활동과 자주 연관돼 쓰는 표현이다. 그런데 기회를 붙잡으라는 이 무해한(?) 관용구가 대화 상대의 입에서 나올 때마다 나도 모르게 찌푸려지는 미간을 펴려고 애쓰는 자신을 발견하곤 했다. 이유를 곰곰이 생각해보니 그 말이 앞서 말한 등식, "진보(더 나은 삶의 추구)=경제성장"이란 명제를 믿어 의심치 않는 것으로 들렸기 때문이었다.

여기서 '물'이란 무엇인가? 다름 아닌 자본이다. 자본은 절대로 아무 의도나 방향성 없이 가치 중립적으로 투입되지 않는다. 그것은 반드시 사람을 특정 방향으로 인도하고 그 경향성을 강화한다. 물 들어올 때 노 저으란 말은 자본의 반대 방향이 아닌 순방향으로 더 빠르고 힘차게 앞서 나가라는 명령이다. 그래야 더 많이 벌고, 더 몸집을 불리고, 그러면 더 많은 물이 들어오고… 그리고?

누구보다 기회를 기민하게 포착해 노를 저어 부나 명성을 획득한 지인이 여럿 있다. 그들은 예외 없이 대가를 치렀다. "그 친구 변했더라"라는 수군거림 따위야 무시한다 해도, 그들 주위엔 성공에 기생하려는 이들만 몰려들었고, 진짜 친구는 하나둘 떨어져나갔다. 물론 그들을 아끼던 사람들이 보기에 몰라보게 변한 이 성공의 주체들은 생각이 전혀 다를 것이다. 한번 '물맛'을 본 이상 '딴 물'에서 노는 것뿐, 중요한 가치를 잃었거나 어떤 대가를 치렀다고 여기지 않을 것이다. 이 모든 진단이 눈부신 성취 앞에서 사소해 보이리라. 혹은 질투, 배아픔으로 느껴지리라. 그게 사실일 수도 있다. 유일하게 확실하게 말할 수 있는 건 하나뿐이다. 물이 들어오면 (그래서 노를 열심히 젓다 보면) 그 물에 물든다는 것.

내 인생에도 물이 들어온 적이 있던가. 없었던 것 같다. 만약 들어온 그것이 물이었다면, 나는 본능적 거부감에 반대 방향으로 노를 저었을 것이다. 덕분에 주머니는 더 가벼워졌고 세속적 성공으로부터도 더 멀어졌으니 어쩌면 후회하는 게 '정상'인지도 모르겠다. 물길을 피해 얻은 것이 있냐고 묻는다면, 있다고 할 수 있다. 일종의 저항의 경험 혹은 기술이랄까. 그것은 "노No"라고 말하는 법 같은 항간에 유행하는 자기보호법보다는, 내가 자본과 맺는 관계를 조금이라도 주체적으로 설정해

보려는 몸부림에 가깝다.

소시오패스에 가까운 부자들, 무수한 추종자를 거느린 인플루언서들을 스승처럼 모시고 경청하는 사회지만 내가 그들에게 배우는 건 경제적·양적 성장과 지혜의 성숙이 절대 양립하지 않는다는 사실뿐이다. 그들은 내게 멘토나 역할 모델이 아니라, 실패만큼이나 성공도 조심해야 한다는 교훈을 되새겨주는 반면교사들이다. 고로 할 수만 있다면 그 말을 이렇게 바꾸고 싶다.

"물 들어오면 노를 잠시 놓으라. 그리고 물길을 읽으라. 이 물은 나를 어디로 데려가는가. 열심히 따라가면 나는 무엇에 기여하게 되는가. 다시 돌아오지 못해도 좋은가."

무증상-자본주의

자본주의에 문제가 없다고 생각하는 사람은 없다. 웬만한 문제는 자본주의 탓으로 돌리는 사람도 적지 않다. 하지만 체제 변화를 주장하는 근본주의자는 거의 없다. 커다란 변화를 상상하는 능력도 고갈됐다. "지구 종말보다 자본주의 종말을 상상하기 어렵다"는 것도 이젠 옛말, 단순히 현실 정치 너머의 상상을 진지하게 하는 사람조차 드물다. 불평등, 기후위기 등 문제가 넘쳐나도 근본적·급진적인 변화를 이끌어내기엔 역부족일 만큼 자극의 역치가 높아졌다.

체제 변화의 요인은 외세 개입, 대중적 열망, 쿠데타, 자연재해 등 다양하고 복합적이다. 반면 체제 불변에는 한 가지 확실한 요인이 있다. 강력한 기득권 세력의 존재다. 이것이 공고하면 체제 변화나 혁명의 시도가 있어도 완수는 불가능하다. 역사적인 독재, 과두체제의 잔상 탓에 우리 머릿속엔 다수를 착취하는 지배층은 극소수의 개인으로 구성돼 있다는 이미지가 익숙하다. 2011년 월스트리트 점령 시위의 슬로건 "우리는 99퍼센트"가 그런 상상력을 대표한다. 미국 재계를 장악한 1퍼센트의 특권층을 끌어내리면 변화가 오리라는 희망을 준 멋진 문구지만, 나머지 99퍼센트가 동질적이라는 오해를 낳기 쉬운 단점이 있다. 금융판을 갈아엎고자 한 우리 세력이 정말로 99퍼센트였다면 혁명은 이미 일어나고도 남았을 것이다.

돈깨나 버는 나라일수록 기득권층의 외연은 복잡다단하다. 기득권층이 단 1퍼센트라 하더라도, 그들 바로 아래서 기득권층 진입을 목전에 두고 있거나, 조금만 더 노력하면 진입할 수 있다고 믿으며 그들에게 기생하거나, '기득의 맛'을 본 계층 등, 이들을 모두 포함하는 '넓은 의미의 기득권층'은 상당히 두텁다. 그렇다면 최상위 1퍼센트를 무력화시킨들 누군가 즉각 그 자리를 꿰찰 태세가 갖춰진 셈이다. 예를 들어보자. 직업상의 기득권을 정규직으로 본다면 한국 임금노동자의 약 60퍼센트가 기득권층이다. 전 국민을 정규직화하는 게 불가능하다면, 이 기득권층 중 일부라도 자기 혜택을 양보할 생각이 있어야 사회 변화를 기대할 수 있다. 그러나 주지하다 시피 이들 대다수는 한 치도 양보할 기색이 없다. "내가 어떻게 여기까지 왔는데 양보라니? 어림없지!"라는 심리 가 팽배하다.

다른 예로, 주택 소유 여부를 기준으로 하면 자가 보 유자가 기득권층이라고 할 수 있다. 현재 우리나라의 자 가 보유율이 약 60퍼센트인데, 그 자가 보유자의 약 10 퍼센트가 기득권을 포기하고(집값 상승을 포기하고) 무주 택자와 연대해야 집값이 잡힌다고 한다. (정석 서울시립대 교수의 주장이다.) 과연 그런 일이 일어날까? 이 나라에 오래 산 사람이라면 십중팔구 고개를 저을 것이다. 작은 기득권이라도 확보해 '잃을 게 있는' 주류로 거듭난 신 기득권층은 급진적 변화를 거부하는 반동세력으로 변 하기 마련이다. 상황이 이러니 정치인들은 "아무도 손해 를 감수할 필요가 없다. 단지 전체 파이를 키우면 해결 된다"는 착각을 심어주는 방향으로 몰려간다. 이 착각이 상식으로 통하는 사회에서 기득권 중 상당수가 실제로 희생을 자처한다면 그 자체로 혁명, 아니 기적이리라. 그 럼 변화가 절실한 사람들은 기적을 바라야 할까?

사람이 된통 아파봐야 나쁜 습관까지 뜯어고칠 의지

가 생기듯, 사회도 심하게 망가진 부분들이 곪아 터지고 드러나야 변화의 동기가 추동되곤 한다. 그런데 자본 체제는 이런 통증과 상처를 땜질하는 솜씨가 보통이 아니다. 자본의 폐해가 적나라하게 드러나는 것을 가리고, 자본-게임에 순응하는 모범 플레이어의 사례들로 대중의 동경을 사고 체제 비판을 무력화시키는 기술이 뛰어나다. 바로 이 역할을 훌륭히 수행하는 것이 광의의 기득권층이다. 최상위층 기득권은 차상위층을 내세우며 말한다. "보라! 이렇게 잘하는 이들도 있는데, 뭣하러 게임의 규칙을 바꾸나? 배 아프면 성공하라고!" 차상위층은 여기에 기꺼이 부응한다. 잘난 소수의 선전宣戰과 성공 신화를 무한히 재생산하는 담론은 그렇게 체제의 약점을 감쪽같이 지우고, 자본주의를 '적당히 고쳐 쓰면 여전히 쓸 만한 무언가'로 둔갑시킨다. 그리하여 이성복의 시 〈그날〉의 시구처럼 "모두 병들었는데 아무도 아프지 않은" 괴이한 세계는 지속되고, 변화의 계기를 불러올 수 있었던 위험 신호들은 엄살 혹은 일시적·부분적 오류로 축소되고 잊혀진다.

온 세상이 신음하는 것만 같은 고통의 시기에도 제법 살 만한 이들은 언제나 있다. 이 '무증상자들'은 대체 전체의 몇 퍼센트나 될까? 통계에 잡힐 리 없으니 영영 알 수 없으리라. IMF 시절에도 '이대로!' 하는 마음으로 은밀히 축배를 들던 사람들, 코로나19에도 걱정 없이 꼬박꼬박 돈 들어올 곳 있던 사람들, 기후 재난이 발생해도 피해갈 곳 있는 사람들. 그들도 뜯어보면 아픈 구석이 없진 않겠지만 눈에 띄는 증상은 없어 보인다. '발열'도, '기침'도, 반-자본주의자와의 접촉 기록도…. 그들은 자기들이 얼마나 대단한 기득권을 가졌는지 의식하지도 못한다. 감염 사실을 모르기에 역병을 가장 효과적으로 전파하는 무증상 감염자처럼, 자본-바이러스를 잔뜩 보유했다는 사실, 아니 그것이 위험한 바이러스라는 것을 모르는 채 오늘도 확산에 기여하고 있다.

무증상 감염자처럼 무증상 자본주의도 그에 맞설 뾰족한 대책이 없다. 우리가 할 수 있는 게 있다면 자각에서 출발하는 것이다. 자본주의의 폐해를 극복하는 것이 단지 소수의 자본가 몇몇을 제거해서 될 일이 아니며, 인간의 이타심을 필요로 하지만 개인적 차원을 넘어선 연대를 요구한다는 것, 경쟁과 분열을 연료로 돌아가는 사회 구조 속에서는 아무리 파이가 커져도 대다수가 행복을 느끼며 살기 불가능하다는 걸 훨씬 더 많은 이들이 깨닫는 일이다. 그러기 전에는 망가진 시스템의 유지·보수에 자기도 모르게 공헌하는 사람이 되기 너무나도 쉽다. "그들은 그들이 하는 일을 알지 못하나이다."

악의 근면성

   21세기에 절대선, 절대악의 존재를 믿는 사람은 얼마나 될까? 여전히 선의 이름으로 자행되는 범죄들이 끊이지는 않지만, 스티븐 핑커의 《우리 본성의 선한 천사》에 따르면 이전 세기들보다 폭력이 수적으로 감소한 것은 사실인 듯하다. 곧 죽일 듯 서로를 헐뜯는 정치인들도 상대방을 진심으로 '절대 악'이라고 보기보다는 특정 맥락에서 악역을 맡은 존재로 보지 않을까 싶다. 선악의 경계가 흐려지는 이런 흐름과 대조적으로 점점 선명해지는 것이 있으니, 바로 인간이 자연에 끼치는 악영향의 실체이다. 문명의 성취로 아무리 가려봐도 이제는 자연에 지은 '업'의 결과들이 부인하기 힘들 만큼 확연히 드러나고 있다. 정착하는 곳마다 토착 생물종을 멸종시키는 전적으로 유명한 호모 사피엔스의 발자취를 보면 "인간이라는 동물은 본래부터 파괴적이었다"라는 가설에 귀가 솔깃해지지만, 소비주의 시대를 사는 현대인의 파괴력은 그 차원이 다르다. 선진 산업국가들의 책임이 훨씬 크긴 해도 현대인이라면 남녀노소 누구나 빠짐없이 상당한 기여를 하는 분야가 바로 자연 파괴이다. 글로벌 소비 사회는 너무도 쉽게 인간을 반생태적 생활방식에 편입시키기에 일개 시민도 너끈히 '제 몫의 파괴'를 해낸다.

너무 자주 언급돼 진부해져버린 '악의 진부성'을 논한 한나 아렌트는 《예루살렘의 아이히만》에서 전범 아이히만이 매우 근면한 인간이었다고 기술한다.

근면성 자체는 당연히 범죄가 아니다. (중략) 그는 단지 자기가 무슨 짓을 하고 있는지 이해하지 못했다. (중략) 그는 멍청하지도 않았다. 멍청함과 전혀 다른, 순수한 생각 없음이 그로 하여금 그 시대 최악의 범죄자가 되도록 만들었다.*

── • Hannah Arendt, *Eichmann in Jerusalem: A Report on the Banality of Evil*, Black Library Publishing, 2019, p.630~631. ([편집자 주] 이 책은 국내에 《예루살렘의 아이히만》(한길사, 2006)이라는 책으로 번역되어 출간되었다. 본문의 인용문은 저자가 원서를 읽고 직접 번역한 것이다.)

이 말을 생태적 맥락에서 고쳐 쓰자면, '환경적 영향에 대한 생각 없음'이 지구에 대한 큰 범죄 행위를 낳는 셈이다. 이 '생태적 악'에서 특기할 점은 평범성뿐만 아니라 그것을 수행하는 자들의 범접하기 힘든 부지런함과 꾸준함이다. 세대와 정권이 바뀌어도 자연 파괴만큼은 한결같다. 겉으론 '탈석탄'을 선언해놓고 이미 보유한 석탄 발전 사업의 이익은 깨알같이 챙기기로 작심한 대기업과 그들의 집요한 로비, 조금이라도 '노는' 땅은 샅샅이 찾아내 파헤치는 토건족, 탄소중립이라는 구호가 무색하게 전국 각지의 공항 신축을 위해 전력투구하는 양대 정당과 "무착륙 관광 비행" 같은 고탄소 상품을 전폭 지원하겠다고 나서는 정부 공무원들, 환경 기사들만 굳이 찾아다니며 악성 댓글로 수를 놓는 네티즌, 하루도 빠짐없이 일회용 플라스틱 커피 잔과 배달 포장 쓰레기를 열심히 (결국 바다로) 나르는 '배출'의 민족….

인간의 악영향을 최소화해보려고 노력하는 이들의 입장에서 보면 끝 모를 환경 파괴의 '노력'에 대응해야 하는 무한한 두더지 잡기 게임에 압도당할 지경이다. '활동가'라는 수상한 이름이 붙은 이 소수의 사람들은 누구인가? 태어난 이상 피해갈 수 없는 '생태적 원죄'를 속죄

하려는 신흥 종교의 교도들인가? 아니다. 단지 인간이 지구상의 그 어떤 생명과도 비교할 수 없이 파괴적인 힘을 지닌 존재가 되었다는 사실, 즉 인류세의 도래를 인정하고 할 수 있는 소임을 다하려는 평범한 사람들일 뿐이다.

우리는 어쩌다가 '마음 가는 대로만 하면 늘 법도에 어긋나는' 상태를 추구하던 존재에서, 생태적으로 선한 본능이 말소되어 생태계의 다른 존재들과 공존하기 위해 엄청난 의식적 노력이 필요한 존재가 되었을까? '에코'라는 어원(그리스어 '오이코스oikos'의 뜻은 집·살림이다)을 공유하는 경제economics와 생태ecology의 개념은 언제부터 분리되어 대립하게 되었을까? 오늘도 자연에 나쁜 짓을 하느라 여념 없는 세상에 이런 질문을 던지고 메아리가 돌아오길 기대하는 것은 무리리라. 하지만 유사 이래 처음 인류가 지구에 선행을 해야 하는, 그것도 전에 없이 부지런히, 빨리 공덕을 쌓지 않으면 안 되는 시기가 도래한 것도 사실이다.

가톨릭 교리에서 '나태sloth'는 7대 죄악(칠죄종)에 속했다. 그러나 지구의 관점에서는 좋은 일을 할 수 없다면 차라리 아무것도 안 하는, 다소 게으른 자들이야말로 고마운 존재다. 부디 내년엔 좀 나태했으면….

성장의 카르텔

하나의 커다란 서사가 전국을 휩쓰는 일이 이 나라에서 드물진 않지만, 최근 특히 잦은 폭풍이 있다. 부동산, 개발, 집값, 폭리… 이 단어들 없이 동시대 한국의 시대정신 혹은 '시대-정신없음'을 설명할 수 있을까. 터지는 이슈마다 디테일은 달라도 양상은 비슷하다. 대규모 부동산 개발 사업, 정보·연줄을 이용해 폭리를 취한 자들, 분노하는 여론, 잡범만 처벌하고 흐지부지되는 수사…. 교훈 하나는 확실히 남겼다. 세상에서 가장 깨기 어려운 게 이권 카르텔이란 것.

카르텔은 담합하는 동종 업계를 뜻하지만 이 글에서는 '이해관계로 얽힌 배타적 성향의 파벌'이란 의미로 느슨하게 쓰겠다. 실제로 법의 경계를 넘나들며 수단과 방법을 안 가리고 밥그릇을 챙기는 집단이 횡행하니 무리한 개념 확장은 아니다. 이렇게 보면 온 세상이 카르텔

천지 같다. 범죄자·재벌·정치인 카르텔에서부터 토건 카르텔, 엘리트들의 스펙 품앗이 카르텔, 공무원 카르텔, 스포츠협회 카르텔까지…. 이들이 공적 가치들을 위협하고 불평등을 심화시키고 있다는 건 공공연한 사실이다.

이 중에서도 가장 깨기 힘들고 큰 것이 바로 성장과 개발의 카르텔이다. 너무도 흔하고 너무도 많은 이들이 속해 있어 딱히 카르텔이라 의식하지도, 그렇게 부르지도 않는 카르텔. 이 카르텔 멤버들의 정체는 뭘까? 오로지 (양적) 경제 성장만이 답이고 대안은 고려할 가치가 없다고 생각하며, 전체 파이가 커지면 온다는 낙수효과의 '복음'을 믿고, 경제 성장을 저해하는 모든 것을 제거할 장애물로 여기며, 인류를 위협하는 기후위기의 원인이 성장에 기반한 고도 산업 사회라는 사실이 입증돼도 끝내 성장 강박을 못 버려 '녹색 성장'이라도 해야 성이 차는 무리다. 탈성장 담론 따윈 거들떠도 보지 않다가도 누군가 진지하게 성장에 대한 문제 제기라도 하면 반드시 한 수 가르치려 드는 이들은 개발 건수가 생기면 좌우할 것 없이 똘똘 뭉쳐 순식간에 한 팀을 이룬다. '개발판' 가까이 붙으면 떡고물이 떨어질 것을 확신하기 때문이다. 한국토지주택공사LH 투기 사태, 화천대유 사건 등을 욕하긴 쉽지만, 비슷한 기회가 주어질 때 혹하지 않을 한국인은 생각보다 적다. 스스로 제법 진보적이라고 포즈를 취하는 사람들조차 말로만 자본주의의 폐해를 비판하거나 전 지구적 환경 파괴에 분노하지, 사생활에선 얼른 개발되고 땅·집값 오르기만을 갈망하는 성장주의자라는 것… 우리 대부분의 모순적 초상이다.

이 카르텔을 깰 방법은 뭘까? 워낙 견고하게 짜인 방어 논리 때문에 깨뜨리기 여간 어렵지 않으며, 우두머리를 제거해봤자 또 다른 머리가 생겨난다. 내부 균열과 이탈자들에게 기댈 수밖에 없는데, 그러려면 철석같이 신봉해온 카르텔의 장밋빛 약속이 허구임을 누군가 깨닫게 해줘야 한다. 이런 신기루들 중에서 많은 이들이 안다고 생각하면서도 쉽게 간과하는 사실이 몇 가지 있다. 지난 수십 년간 낙수효과는 미미했다. 불평등과 빈곤은 심화됐다. 생태계는 돌이키기 힘들 만큼 파괴됐다. 매년 3퍼센트씩만 성장해도 글로벌 경제는 24년마다 두 배씩 커져 세기말엔 열 배가 된다. 그걸 감당할 지구는 없다.

굳이 만들려면 차라리 '탈성장의 카르텔'을 결성하는 편이 미래세대에 이익이리라. 2021년에는 유엔 기후정상회의를 앞두고 전 세계적으로 그린뉴딜에 상응하는 거대한 전환이 불가피하다는 공감대가 형성됐다. 하지만 기후변화를 정말로 막기 위해서는 총 에너지 사용량 감소와 "경제성장 **없는** 그린뉴딜"이 불가피하다는 사실(자세한 내용은 요르고스 칼리스 등이 함께 쓴《디그로쓰》에서 살펴보기를 추천한다)까지 받아들인 사람들은 안타깝게도 정상회의의 VIP석에 앉은 이들이 아니다. 주로 회의장 바깥에 있는 당신과 나 같은 시민들이다. 그래서 더 크게 외쳐야 한다. "지금 당장 필요한 건 '녹색 성장'이 아닌 탈성장! 성장을 넘어 성숙으로!" 사실 탈성장은 어려운 개념도 아니다. 우리가 현재 가진 경제적 역량을 좀 더 필수적인 식량·주거·교통·교육·의료에 집중하고, 필수적이지 않은 것들을 포기하는 것이다. 이는 경제가 매년 성장하지 않아도 충분히 가능하다. 그러나 지금 같은 척박한 토양에서는 이런 주장들이 엄청나게 담대한 상상처럼 들린다. 이것이 바로 상상력을 치명적으로 고갈시키는 부동산과 개발 얘기의 힘이다. 성장의 카르텔 너머로 시선을 돌리는 것은 그 힘에 저항하는 것이다.

우리에겐 꿀잠이 필요하다

　수면의 과학에 대한 글을 기대한 독자에겐 미안하지만 꿀잠이란 이름의 공간에 대해 이야기하려고 한다.

　내 집 없는 한 명의 시민 활동가로서 서울에 사는 처지는 길고양이의 그것과 닮았다. 도시를 걷다 보면 늘 이런 생각이 스친다. "저 수두룩 빽빽한 공간 중에 나를 반길 곳 하나 없구나!" 물론 공간을 꼭 소유할 필요는 없다. 빌려 쓸 수만 있어도 다행이지만 그마저 여의치 않거나, 지방에서 온 활동가들은 운신할 곳이 없어 늘 고충이 크다. 세상이 들어주지 않는 발언, 대중이 반기지 않는 운동에 연루된 이들은 환대받고 싶은 동물로서의 본능을 포기하고 산 지 오래다. 이들에게 5년여 전 서울 한복판에 탄생한 한 환대의 장소는 반가움 그 자체였다.

　영등포 신길파출소 골목을 따라 걸으면 왼편에 보이는 아담한 4층짜리 건물 한편에 "비정규노동자 쉼터 꿀

잠"이라는 간판이 보인다. 노동운동가들이 주로 오지만 장애인 운동이든 기후정의 운동이든 간에 자본이 아닌 약자·공동체를 위한 일을 도모하는 누구나 환영하는, 글자 그대로 열린 공간이다. 무료 숙식이 가능함은 물론 모임도 하고 강연도 듣고 전시도 보고 차 한잔하며 숨 돌릴 수 있는 '여름방학 외갓집' 같은 곳. 심지어 치과·한방 치료까지 제공한다. 요즘 세상에 이렇게 따뜻한 인정을 대가 없이 베푸는 곳이 존재한다는 게 믿기 힘들지만 매년 4000명 이상이 다녀가는, 엄연히 현존하는 쉼터다. 어떻게 가능했을까? 수많은 이들이 도왔다. 전국 각지에서 받은 후원으로 낡은 건물을 인수해 철거부터 인테리어까지 1000여 명의 자원봉사자들이 한 땀 한 땀 일궈냈다. 구석마다 넘치는 사연과 이야기, 번득이는 공간 활용의 지혜, 다음 사람을 배려해 아껴 쓴 게 역력한 흔적들을 보면 '앞으로 100년도 끄떡없겠더라…' 하며 이 얘기를 마무리할 수 있으면 얼마나 좋을까? 청천벽력 같은 소식이 이어진다. 꿀잠이 위치한 영등포구 지역의 재개발 소식이었다.

혹자는 잘된 일 아니냐, 보상금 잘 챙겨 이주하면 되지 않냐고 할지도 모른다. 그건 꿀잠을 몰라서 하는 소리다. 그곳은 쉽게 대체 가능한 단순 시설이 아니라 수천·수만의 손길과 발길이 차곡차곡 쌓아온 의미와 공공성이 깃든 '기억의 장소'이다. 이것을 어떻게 교환가치로 환원하겠나? 자연 생태계에도 멸종위기종 중에는 서식지를 쉽게 못 바꾸는 토착종이 많다. 이들을 새 환경에 이식하려는 시도는 대부분 실패로 끝난다. 생명이 주위 환경과 맺는 관계는 여러 요소들의 단순한 총합 이상의 무엇이기 때문이다. 사람은 더 하다. 기억, 의미, 역사… 이런 말들이 당장의 이익에 사로잡힌 이들에겐 사치로 들릴지도 모르겠다. 그렇다면 묻고 싶다. 이런 가치가 사치라면 사치가 아닌 것, 즉 본질은 뭔가? 혹시 본질이 돈인가? 이 이상한 도시를 보고 있노라면 달리 생각하는 게 더 이상한 것 같기도 하다.

꿀잠과 같은 장소를 위협하는 재개발 열풍은 사회적 주거라는 개념의 소멸과 궤를 같이한다. 도시 연구자 이계수·김명수에 따르면, 한국인들은 국가의 각자도생식 '자가 소유 전략'에 포섭돼버렸다. 전 세계적으로 민영화가 본격화된 1990년대, 공영주택이 대량 매각될 때 우리 사회도 이 흐름을 막지 못했다. 시민·노동 운동도 주거를 사회적 권리로 요구하는 방향으로 가지 못했다. 주택 가격 합리화나 임금 교섭을 통해, 사적 소유의 형평성을 확보하자는 식으로 접근하면서 공공재로서의 도시나 집단 주거의 모색은 사라져버렸다. 그렇게 우리는 만인의 만인에 대한 경쟁을 당연시하고, 재개발 소식에 가슴이 뛰는 '개발 괴물'의 아바타로 변해갔다. 명분만 번지르르한 개발사업들이 실상은 원주민을 축출하는 투기판이자 도심공동화의 주범이라는 사실을, 또 아무리 공급을 늘려봤자 상위 몇 퍼센트의 투기 세력·자본가만 재미를 보고 다수의 사회적 약자는 빈곤해지고 주변화된다는 사실을 깨닫지 못하고. 혹은 알아도 모른 척하면서. 거짓 환상의 제물을 자처하면서… 획일적인 고층아파트촌에 갇혀 공간적 상상력까지 황폐화된 건 덤이다.

이후 꿀잠을 지키려는 많은 이들의 연대 활동 끝에 영등포구와 서울시의 중재로 존치에 준하는 이전 계획안이 수립되면서, 꿀잠은 인근 대체 부지로 이전할 예정이다(현재 건축심의신청 상태이다). 다행히 현재까지도 많은 활동가와 노동자들에게 든든한 쉼터가 되고 있는 꿀잠은 재개발의 흐름 속에서 나직이 말하고 있다. 우리에게 필요한 건 싹쓸이식 재개발이 아니다. 켜켜이 쌓인 공공적 가치를 우선시하는 진정한 도시재생이다. 투

기 자본이 조장한 광풍에 휩쓸리지 않을 권리이다. '사
고 싶은 게 아니라 살고 싶은' 환대의 장소들이다. 더 많
은 꿀잠들이다.

극단적 상식, 상식적 극단

급진적, 극단적, 전복적, 과격한 등을 뜻하는 영어 형용사 '래디컬radical'. 이 말이 칭찬으로 통하는 분야가 있으니 바로 예술이다. 예술계에서는 상식을 초월하는 예측 불허의 상상력을 극단까지 밀어붙이는 접근이 환영받을 수 있다. 하지만 언젠가부터 이 나라엔 예술가가 할 일이 별로 없어 보인다. 세상이 너무도 '래디컬'하기 때문이다. 상식과 예상을 벗어나는 사건·사람·발언이 난무하는 통에 정신을 차리기 힘들 정도다. 상대적으로 예술은 상식 수준에서 맴도는 듯하다. 한때 예술가 지망생이었던 나 역시 이 상식 밖 세상에 질려 점점 상식적인 생각밖에 못 하는 사람이 되어가고 있다. 이를테면 내 머릿속은 이런 생각이 주종을 이룬다. 제발 바다에 쓰레기 좀 그만 버렸으면, 동물들도 그만 좀 괴롭혔으면, 숲 좀 보호했으면, 기후위기에 제대로 대응했으면 소원이 없겠다. 하지만 이토록 평범하고 건전한 생각도 정말로 진지하게 실천하다 보면 근본주의자 취급을 받기 일쑤다.

최근 기후활동가들이 예술을 겨냥하기 시작했다. 내셔널 갤러리, 루브르 박물관, 마우리츠하위스 미술관 등 영국과 유럽의 주요 미술관들이 석유 반대 운동의 무대가 된 것. 시위자들은 고흐의 〈해바라기〉, 다빈치의 〈모나리자〉, 베르메르의 〈진주 귀걸이를 한 소녀〉 같은 명화에 액상 토마토나 케이크를 투척하고 액자에 신체 일부를 접착한 뒤 이렇게 외쳤다. "소중한 작품이 공격받는 걸 보는 기분이 어떤가? 지구가 공격받는 것은 괜찮은가? 인류의 미래를 죽이는 화석연료를 당장 금지하라!" 즉 그들이 '공격'한 것은 예술이 아니라 정치권과 언론, 우리의 무관심이었다. 코로나19 이후 정체된 기후 운동에 활력을 불어넣고 여론의 주목을 끌어내려는 계산된 행동이었기에 작품 자체는 훼손되지 않았다. 유리 액자 속 작품들은 멀쩡했다. 그럼에도 주류 여론은 '경악스럽다' '과격하다' '아무리 그래도 이건 아니다'라는 반응이 대부분이었다. 시위를 감행한 활동가들은 체포되어 재판 중이거나 실형을 선고받았고, 정치가들은 부정적 여론에 힘입어 이런 '과격' 시위를 강하게 처벌하는 법안을 발의해 신속하게 처리 중이다. 한시가 급한 기후위기 대응에는 단 한 번도 급한 모습을 보여준 적 없는 당국이, 바로 그 대응이 한없이 지체되는 걸 보다 못한 시위를 진압하는 일만큼은 어지간히 다급했던 모양이다.

보물 취급받는 예술과 함부로 다뤄지는 자연의 처지를 비교한 발상이 처음은 아니다. 역시 과격하다는 평가를 받는 해양환경단체 시셰퍼드의 창립자 폴 왓슨은 심해를 무참히 파괴하는 트롤 어업을 이렇게 비판했다. "누가 루브르박물관에 포클레인을 끌고 들어가 작품들을 박살 낸다면 당장 감옥에 갈 것이다. 전 세계 바다와 밀림에선 그런 일이 지금도 다반사로 일어나는데 처벌은커녕 정부 지원을 받는다." 길어야 수천 년인 미술사에 비해 수억만 년의 진화를 거쳐 오늘에 이른 자연이란 작품에 대해 우리가 무지하다는 진단은 과연 틀리지 않다. 인공물과 자연물에 대한 가치 평가가 이렇게 극단적으로 다를 이유가 있을까?

이번 시위는 예술품의 의미에 대해서도 재고하게 만든다. 사실 고흐의 〈해바라기〉 같은 작품의 경우, 진품 훼손 여부는 일반인에게 아무런 영향도 주지 않는다. 부유한 미술관 혹은 탈세를 목적으로 미술품에 투자한 억만장자가 손해 볼 순 있어도 말이다. 이미 최고의 3D 기술로 깨알같이 기록되어 있고, 셀 수 없이 복제·재생산되어 누가 마음먹고 파괴하려 해도 전 세계인에게 수천·수만 년은 기억되고도 남을 것이다. 게다가 원화를 직접 구경하러 비행기를 타고 미술관에 들를 여유가 있는 사람은 한정적이다. 절대 다수의 사람들은 인터넷이나 인쇄물, 즉 복제물을 통해 간접적으로 작품을 접한다. (혹은 굶주림과 불안에 시달리느라 예술 작품 따윈 안중에도 없는 상황이거나.) 설령 미술관에 직접 가는 특권이 주어져도 그나마 경호원·보호 유리·인파 때문에 제대로 감상하기도 어려울뿐더러, 원작을 정교한 복제품으로 바꾼다 한들 대다수는 눈치도 못 채고 똑같은 감흥을 받으리라. 한마디로 원화의 가치는 한참 과대평가되었다. 그러니 안심해도 좋다. 인류의 문화유산들은 (돈이 되기 때문에) 대단히 잘 보존되어 있고 앞으로도 그럴 것이다. 문제는 자연유산, 특히 '돈 안 되는' 것들이다. 6대 멸종 시대로 칭할 만큼 수많은 동식물이 인간의 끝없는 개발 행위 때문에 파괴되는데 이런 만행에는 왜 경악하지 않는가. 그래서, 설마 이런 극단적인 시위에 찬성하는 거냐고? 내게 권한이 있었다면 우리를 성찰하게 만든 동시에 예술의 급진성을 부활시킨 공로로 상이라도 주고 싶은 심정이다. 상의 이름은 "올해의 예술상"이 적절하겠다.

흩어지면 비로소 보이는 것들

팬데믹 이후 웬만한 나라에서 공공장소 2미터 거리두기가 권장됐다. 핀란드도 마찬가지였는데 역병이 진정 국면에 접어들며 방역 조치가 풀리자 이런 농담이 돌았다. "정부는 오늘부로 정상화를 선포하니 모든 핀란드인은 평소처럼 6미터 거리두기로 돌아간다." 비 오는 날 우산이 없어도 버스 정류장 지붕 바깥에 서서 타인과 거리를 두는 풍경이 흔한 나라가 핀란드다. 가장 '번잡한' 수도 헬싱키의 인구가 60만 명쯤 되니 그 6분의 1이 핼러윈에 이태원이라는 작은 동네에 모였다고 말하면 헬싱키 시민들은 귀를 의심한다.

이태원 참사로부터 1년여가 지났다. 사람 사이의 거리가 극단적으로 줄어들 때 일어날 수 있는 가장 끔찍한 참사를 겪은 우리는 되풀이돼선 안 되는 비극이 재현된 사실에 여전히 깊이 절망하고 있다. 지금까지도 불

충분하게 이뤄진 책임 추궁과 법 개정 같은 제도적 대응 노력은 당연히 계속돼야 하지만, 또 하나 생각해볼 지점이 있다. 군중 압사가 비단 '안전 후진국'에서만 일어나는 게 아니라 안전 체계를 상당 수준 갖춘 나라에서도 간혹 발생한다는 현실이다. 이를 고려하면 재발을 원천적으로 막기 위한 문화적 변화, 나아가 과밀함을 피하는 사회적 감각을 체화해야 할 필요가 있을 텐데, 지난 1년간 참사와 관련해 많은 논의가 있었음에도 이런 방향의 고민은 부족해 보인다. 그러다 보면 더 강력한 통제만 정당화하게 되고, 사회가 자율적으로 혼잡을 조절하는 능력은 저하되기 쉽다. 가령, 대규모 축제나 행사 때 경찰과 안전요원을 배치하는 것뿐 아니라 자발적으로 분산해서 안전하게 즐기고 치르는 문화를 정착시킬 순 없을까?

압착 사고 예방법 중 하나는 초기 단계에서 무리 이탈자를 늘리는 일이라고 한다. 통행이 다소 불편하다 싶을 때가 바로 피할 수 있는 마지막 기회인데, 이를 감지해 흩어지는 사람이 많을수록 위험도 줄어든다는 논리다. 단순한 지침 같지만 지옥 같은 출퇴근길에 치여 사는 우리들이 '과밀함을 기피하는 감각'을 익히기란 쉽지 않다. 오히려 붐벼도 굳이 피하지 않는, 아니 심지어 붐

빔을 무의식적으로 선호하는 감각이 길러진다. 그러다 보면 식당, 가게, 행사는 얼마간 붐벼야 안심이 되고 오히려 썰렁함이 최대 기피 대상이 된다. 클릭 수가 몰리는 곳에 더 몰리도록 설계된 온라인 환경(특히 SNS)도 이런 쏠림 본능을 한층 증폭시킨다.

그런데 꼭 쏠리는 것만 본능은 아니다. 동물의 세계엔 분산 경향도 강하다. 어떤 벌·개미·흰개미·박쥐·바닷가재 종은 전염병 등의 위험을 감지하면 자발적 거리두기를 한다고 한다. 우리의 '흩어지는 본능'을 회복해 압사 예방은 물론 사회의 전반적인 과밀화 경향까지 줄이는 것, 가능한 일일까? 이 질문에 이르자 어느 날 농부가 되겠다며 전남 곡성에 간 소설가 김탁환이 떠오른다. 공간은 넉넉하고 사람이 귀한 그곳에서 그는 모 사이의 거리가 보통 논의 세 배인 생태 농법을 추구하는 미생물학자이자 농부인 이동현과 만나 섬진강로로 집필실을 옮기고 아예 자리를 잡았다. 한적한 들판을 걸으며 그와 나눴던 대화를 기억한다.

당시에는 이런 끔찍한 일이 일어날 줄은 상상도 못했지만 자연스럽게 '쏠림'에 관한 주제로 이야기가 흘러갔다. 부의 대도시 편중, 인구 과밀, 만성화된 병목현상, 대형 쇼핑몰 위주의 밀집 주상복합, '인서울' 대입 과열 경쟁, 가축의 밀집사육, 자연과 생태적 거리두기에 실패해 발생한 코로나19…, 그렇게 온갖 과밀이 끊임없이 위험 신호를 보내왔음에도 증상 대응 이상의 조치를 취한 적은 한 번도 없었다. 근본 대책이 거리두기·퍼짐·분대 등 '분산의 가치'를 세우는 것이라는 걸 알면서도 말이다. 우리 둘은 곡성의 고요함 속에 고개만 끄덕이며 말없이 생각에 잠겼다. 우리 삶에 흩어짐의 미학이 스며들면 쏠림 현상을 해결할 수 있을까? 그리고 10개월 후 참사가 일어났다.

어떤 몰림은 꼭 필요하다. 가령 지금 중국에서 일어나는 시위도, 지난 9월의 기후 행진도 많은 이들이 모일수록 좋은 일들이다. 몰림에 수반되는 온갖 위험도 감수할 만한 가치가 있다. 하지만 어떤 몰림은 관성이다. 무엇이 나의 길인지 모를 때 우리는 남들이 많이 하는 선택이 곧 안전한 선택이라 여긴다. 문제는 그렇게 택한 안전이 가장 위험한 곳으로 인도할 수 있다는 것. 어쩌면 이 말이 가장 들어맞는 맥락은 기후·생태 위기이다. 경제성장에만 집중된 자본을 재분배하지 않으면 만인이 만인에 대한 무기로 돌변하는 사태가 예견되는데도 제

관성을 못 버리고 전력질주하는 세계. 지구 기후의 역사와 원리를 가장 잘 아는 수많은 학자가 끊임없이 경고하고 만류해도 자기파괴적·반생태적 돈벌이의 방향으로 앞다투어 몰려가는 세계. 그 전방이 내게는 마치 폭 3미터의 골목처럼 아찔하게 좁고 위험해 보인다. 더 늦기 전에, 공멸의 방향을 피해, 지금이라도 흩어질 수 없는가.

2023년은 멧돼지의 해

제목을 보고 행여나 대통령 풍자 칼럼을 기대했다면 번지수를 잘못 찾았다. 말이 나왔으니 말이지만 정치인을 동물에 빗대는 짓도 이제 그만하자. (그것이 어느 쪽에 모욕적인지는 글을 읽어보면 안다.) 멧돼지는 역대 그 어떤 대통령보다 이 나라 생태계에 큰 공헌을 했다. 애국자라서가 아니라 그저 살던 대로 살다 보니 공동선에 기여한 것이다. 만약 공자에게 생태학 지식이 있었다면 야생동물을 보고 '종심소욕불유구(마음 가는 대로 해도 도에 어긋남이 없다)'란 말을 떠올렸을 법도 하다.

현재 전국에 남은 생물다양성이 풍부한 산림은 나무에 몸을 비비고 땅을 파고 뿌리·열매를 먹으며 열심히 씨앗을 퍼뜨려온 멧돼지 없이는 불가능했으니, 한마디로 멧돼지는 우리 생태계의 필수종이다. 한 연구에 따르면 멧돼지의 종자산포 능력은 노루보다 20배나 높다. 멧돼지는 또, 국내 그 어떤 가문보다도 오래 이 땅에 살아온 공동체의 당당한 일원, 토박이 중의 토박이다. 반도를 누비며 숱한 전쟁을 겪고도 매번 재기에 성공한 멧돼지지만, 결국 그들의 포식자(표범·범·늑대)를 포함해 웬만한 야생 포유류의 씨란 씨는 다 말리고 산 구석까지 농지·주거지로 개간해버린 인간에게 완전히 밀렸다. 즉 본래 멧돼지 동산이었던 곳에 인간이 침입한 형국인데, 어쩌다 민가 근처로 오면 사람들은 "멧돼지의 침범" "재산 피해"라며 당장 소탕해야 한다고 야단이다. 적반하장인 줄도 모르고.

감사 표시를 해도 모자랄 멧돼지를 대하는 우리의 태도가 대강 이러한데, 여기까진 그래도 양반이다. 2019년 중국발 아프리카돼지열병ASF이 퍼지며 한반도 멧돼지는 역사상 최대 시련기를 맞는다. 사육 돼지에게 옮기면 사망률이 높은 병의 특징 때문에 양돈업계에 비상이 걸린 것. 방역은 과학의 형식을 갖추지만 여론몰이에도 크게 좌우된다. 감염된 북한 멧돼지가 남하해 옮았다는 '전문가' 의견들이 여기저기 흘러나오더니, 어느새 멧돼지가 감염의 주범임은 물론이고, 살해만이 유일한 해결책이란 담론이 득세한다. 아니 아예 명실상부한 '팩트'로 굳게 자리 잡는다.

　멧돼지에서 사육 돼지로 옮긴 증거가 없다는 사실, 유통·투기된 돼지고기를 통한 전파 가능성 등은 고려되지도 않은 채 깨끗이 무시되고, 정부는 전국의 엽사들에게 살상 면허를 부여한다. 그렇게 3년간 약 27만 마리라는, 차마 헤아리기도 힘든 어마어마한 수의 멧돼지가 죽임을 당한다. 이는 원 개체 수의 절반 이상으로 추정된다. 이토록 무식한 접근을 인간사에 비유하자면, 마치 코로나19 초기 확산지 대구를 봉쇄한 것도 모자라 도시인 전부를 잠재 보균자로 간주해 집단 사살해버린 셈이다. (이 비유가 불편한가? 멧돼지 입장에선 가슴에 박힌 총탄이 좀 더 불편할 것이다.) 이쯤 되면 방역이 아니라 종 청소다. 하지만 양돈업계는 이것도 부족해 멧돼지의 조속한 완전 박멸을 강력히 촉구하는 성명서를 냈다.

　코로나19 백신 부작용 논란에서 우리가 목격했듯 비교적 단순한 사안도 정확한 인과관계를 규명하긴 힘들다. 기저질환 없이 멀쩡하던 젊은이가 백신 투여 한 시간 뒤에 죽어도 백신이 직접 사인인지 증명하긴 매우 어려운 게 인과관계라는 요물이다. 설령 한 사례에서 인과관계가 명확하게 밝혀져도 그것을 일반화해 확대 적용하기란 더욱 조심스럽다. 그런데 동물 방역에 관한 사안은 이 모든 것이 너무도 쉽다. 대략적 정황, 느슨한 추측, 빈약한 근거, '전문가' 한둘의 소견만으로도 수십만의 생명을 학살하는 일까지 일사천리로 진행된다. 이 전 과정이 너무도 비합리적이라 심지어 역사 중에도 이런 식으로는 전염을 못 막는다고 자인하는 이들이 나타났다. 멧돼지의 이동만 부추겨 병이 더 확산되니, 염분이 모자라 민가로 내려오는 멧돼지의 습성을 고려해 산에 소금을 배치해주면 접근을 줄일 수 있다는 주장이다. 이런 비살상적 방법이야말로 대량 살상 전에 최도한 시도라도 했어야 마땅하지 않나?

아직도 기억난다. 2010년 구제역 파동 때 수많은 돼지를 생매장할 때는 그래도 '살처분'이라는 방식 자체에 대한 사회적 충격, 회의, 저항감이 없지 않았다. 그러나 멧돼지는 저 멀리, 어느 야산에서 지금 이 순간에도 죽임당하고 있는데 아무도 모르고 있다. 안타깝게도 당장 할 수 있는 게 없어 답답한 마음에 2023년을 내 멋대로 '멧돼지의 해'로 정했다. 혼자라도 매달 멧돼지를 기리며 만나는 이마다 붙잡고 이 억울함을 알리기 위해. 동참할 누군가가 있을까?

인공지능이 가장 쉬웠어요

인공지능은 스마트폰의 궤적을 밟고 있다. 기계가 스마트해질수록 그걸 쥔 사람은 점점 멍청해진다는 명제를 우리의 기계 의존도가 증명해주고 있다. 불과 10여 년 만에 우리는 잠시라도 폰이 방전되면 전전긍긍하는 존재로 전락했다. 물론 아무도 이를 전락이라 여기지 않는다. 그러니 '후진'은 더더욱 있을 수 없는 일이다. 세상의 종말은 상상이 가도, 스마트폰 없는 세상은 상상도 할 수 없다!

인공지능 역시 스마트폰처럼 우리 삶을 지배할 것이다. 누군가에겐 떼돈을 누군가에겐 푼돈을 벌어주며, 또 수많은 일자리를 앗아가며, 놀라운 속도로 '발전'해 세상을 변화시킬 것이다. 아니 이미 그러고 있다. 하지만 그 변화는 '좋은' 방향의 변화는 아닐 것이다.

지난 세기를 돌아보면 우리는 마치 인공지능 황금기

를 맞이할 준비라도 한 것처럼 필요조건들을 차곡차곡 갖춰왔다. 비단 기술 발전, 시장이나 투자 환경을 말하는 것이 아니다. 인공지능에 **대체되기** 위한 준비 말이다. 인공지능이 범접하기 힘든 영역, 이를테면 윤리·도덕·인성·가치판단·비판 정신·참교육을 체계적으로 등한시하고 무력화시켜왔다. 그 일환으로 인문학도 사장시켰다. '불필요한' 일자리를 없애는 건 당연하다는 신자유주의적 논리와 사용자 위주의 사고가 보편화했다. 빅데이터와 머신 러닝을 신봉하면서 그 부작용은 과소평가하는 환경이 조성됐다. 무엇보다 양적·물질적 가치가 다른 가치들을 완전히 압도해버렸다. 그러니 '돈이 된다는데' 인공지능의 부정적 측면을 따지는 것 자체가 고리타분하게 들린다. 대부분의 식자들처럼 팔짱을 끼고 "기술은 좋고 나쁜 게 아니라 어떻게 쓰느냐가 문제"라는 짐짓 중립적인 태도를 취하는 게 가장 안전한 입장이리라. 그래도 말할 수밖에 없다, '인공지능에의 열광'이 우리 초점을 흐리고 있음을.

《AI 지도책》의 저자 케이트 크로퍼드는 인공지능이 자연 지능·자연 자원에 철저히 의존하기에 사실 인공도 아니라고 하지만, 잠시 인공을 제쳐두고 지능에 주목하

자. 지금 인류에게 부족한 것이 지능인가? 아니, 지능이 진짜 문제였던 적이 있었던가? 눈앞에 닥친 기후 문제만 해도 지능 부족 때문에 해결 못 하고 있나? 아니면 되레 너무 높은 지능 때문에 일어난 일인가? 가령 화석연료 산업을 생각해보라. 화석연료를 채취·가공·유통·판매하는 데 동원된 엄청난 인재들의 지능만 말하는 것이 아니다. 주지하다시피 이 거대 회사들은 이미 1970년대 혹은 그 전부터 화석연료가 지구 온난화의 주원인이라는 것을 누구보다도 잘 인지하고 있었는데, 대책을 마련하기는커녕 세계 최고로 지능적인 변호인단·로비스트로 무장해 그 진실을 덮는 미디어 캠페인을 벌이며 사람들을 속여왔다. 가짜뉴스 제작의 선구자들이었던 셈인데, 지금도 지능적으로 법적·사회적 책임을 회피하고 있다.

한마디로, 기후위기 대응책이 무엇인지는 수십 년간 귀가 따갑게 들어 아는데도 대응이 요원한 이유는 이러한 이익집단의 이기심과 근시안 그리고 정치적 의지 부족 등 인간의 비양심과 어리석음 때문이다. 어리석음이란 순우리말로 '얼'이 '썩은', 즉 정신이 썩은 상태다. 지능이 낮은 것이 아니다. 지능이 높아도 얼마든지 어리석을 수 있다. 천재적 지능의 소유자가 현실에 놀랍도록 무지한 일, 지능이 가장 높은 이들이 그 잘난 머리로 남을 속이거나 끔찍한 범죄를 저지르는 일은 얼마나 흔한가.

인공지능으로 돌아오자. 일각에서는 인공지능 규제에 관한 논의가 활발하다. 법안들도 차츰 마련되고 있다. 규제는 규제대로 당연히 해야 한다. 하지만 사회구조가 바뀌지 않는 한 인공지능이 소수에게 부·권력을 집중시키는 도구가 되는 걸 막긴 힘들어 보인다. 그래서 더 늦기 전에 좀 더 근본적인 질문을 던져야 한다. 인공지능은 (대체 무얼 위해) 필요한가? 이미 편할 대로 편해진 문명 이기를 더 편하게 만드는 것 말고 어떤 공적 가치를 더하는가? 인공지능이 사람의 일자리를 급속도로 대체하는 노동시장을 보면 긍정적인 대답을 하기 힘들다. 노조 걱정 안 해도 될 고용주는 좋겠지만….

우리는 답을 알고 있다. 이 시대의 가장 시급하고 중요한 문제들(빈부격차, 분배, 생태적 파국 등)은 무엇을 알고 모름이 아니라, 양심과 책임감이 살아 있느냐, 또 머리로 아는 걸 행동에 옮길 수 있느냐에 달렸다는 걸. 이제 기계는 그 정도 똑똑하면 충분하지 않을까? 기술이 돈벌이가 아니라 세상의 문제 해결을 위해 존재한다면 차라

리 **인공양심**, 인공문제의식, 인공지혜, 인공실천을 만들
어달라 주문하고 싶다. 물론 그런 건 없고 앞으로도 없
을 것이다. 어쩌면 지능은 인간 특유의 역량 중 유일하
게 인공 제작이 가능한 건지도 모른다. 그래서인지 가장
아쉽지 않다.

코로나 키드의 생애*

　우리는 코비드 세대라 불렸다. 코로나19가 처음 유행한 2019년생부터 당시 청소년까지 해당한다고 하니 그해 겨울 고2였던 나는 이 세대의 끝물인 셈이다. 한때 우리 세대에 관한 분석들이 유행했다. "학력이 낮다" "사회성이 부족하다"라는 말은 공감할 수 없었지만, 맞는 얘기도 더러 있었다. 모든 타인을 잠재적 보균자로 간주하는 접촉 기피증, 모든 표면이 끔찍이 더러워 보이는 결벽증, 성장기의 장시간 마스크 착용으로 인한 호흡기 장애, 면역력 결핍 등이 흔한 것, 이건 사실이다. 우리에겐 살균이 지상 과제였다. 뉴스를 보면 어릴 때부터 좋은 균에 적절히 노출되어야 자연스럽게 면역력이 길러진다던데 우리 세대는 좋은 균 같은 거 모른다. 그런 거 키

　[편집자 주] 이 글은 저자가 SF기법을 가미해, 근미래의 화자를 상상하며 썼음을 밝힌다.

울 여유 따윈 전혀 없이, 균이란 균은 모조리 죽이기 바빴다. 그러니 면역력이 떨어지는 건 당연하다. 하지만 우리만큼 국가 통제에 익숙한 세대도 없다는 지적은 틀렸다. '익숙'이라니? 우린 통제를 **요구**했다, 적극적으로. 다만 그 통제가 불공정할 때 분노했을 뿐이다.

사회학자들도 포착하지 못한 건 사랑의 감소였다. 거리낌 없이 연애를 즐긴 소수의 능력자들도 있었지만 나는 철저한 비대면 생활을 영위한 절대 다수에 속했다. 귀찮게 백신 접종이나 음성 검사 결과를 요구하는 데이트 사이트 따위에도 흥미가 안 갔고, 더 큰 이유는 타인과의 접촉, 특히 타액(비말 포함) 혐오 때문이었다. 단순 성욕이라면 온라인에서 훨씬 깨끗하게 처리할 수 있었다.

사랑이 줄어든 대신 혐오가 늘었다. 처음엔 우리나라만 그런 줄 알았다. 해외여행이 재개된 2022년의 프랑스 여행을 잊을 수 없다. 내가 프랑스를 고른 이유는 백신 여권 없이 방문 가능한 유일한 관광지였기 때문이다. 그곳이 백신 음모론의 진원지라 접종률이 세계 최저라는 건 나중에 알았지만, 나 또한 "백신 맞으면 불임 된다"라는 소문을 굳게 믿은 엄마 등쌀에 가능한 한 접종을 피하던 시기였다. 나와서 본 세상은 사뭇 달랐다. 세계가 K-방역을 우러러보는 줄 알았던 나를 기다리던 건 외국인, 아니 아시아인 혐오였다. 유럽에서 난 한국인이 아니라 '박쥐 먹어서 이 사달을 일으킨 중국인'이었다. 미묘한 인종차별은 물론, 계란 세례를 받는 수모까지…. 양 나라를 겪고 내린 결론은 '백신을 강제로 맞은 나라와 선택에 맡긴 나라 모두 혐오는 못 막았구나'였다. 한마디로 이래저래 모두가 패자였다. 문득 "유일한 승자는 중국이지, 총 한번 안 쏘고 3차 대전에서 승리했으니!"라고 말하던 어느 택시기사 아저씨가 떠오른다.

어느덧 2029년이 왔다. 코로나는 '넘겼다'. 모두들 그렇게 생각한다. 병이 해결돼서가 아니라, 병에 대한 감각이 바뀌어서 흐지부지 넘어갔다고 하는 편이 맞겠다. 아무도 독감 사망자 수에 관심이 없듯 이제는 감염자 수가 아무리 늘어도 토막 기사조차 안 보인다. 당국이 조치를 내려봤자 협조하는 척 적당히 요령을 부리며 할 건 다하는 분위기다. 하지만 코로나19가 우리 세대에게 남긴 자국은 너무 커서 내 기억 속의 10년 전 일상은 지금도 회복되지 못했다. 아니 그런 날들은 영영 오지 않을 거다. 게다가 다른 걱정, 가령 매년 신기록을 갈아치우는 더위, 추위, 장마, 홍수… 그야말로 '미쳐가는' 날씨에 적응하기도 바빠 코로나19 같은 건 신경 쓸 겨를도 없다.

나의 최대 고민은 점점 좁아지는 취업문이다. 스물여덟 살이 되도록 직장 경력이 전무한 데다, 학벌도 변변치 못한 나 같은 취준생은 기후를 핑계로 한국에 온 이민자들과도 경쟁해야 한다. 난 솔직히 '기후 난민'이란 말이 제일 거슬린다. 난민은 무슨? 불법 이민자들인걸! 난 작년 23대 총선에 투표도 안 했지만, 했다면 이민자 거부 정책을 내세운 후보를 찍었을 것이다. 이민자랑만 경쟁하면 다행이지, 이젠 인공지능이랑도 경쟁해야 한다! 난 어릴 때부터 집구석에 처박혀 낙서하고 그림 그리는 걸 좋아했는데, 이제 웬만한 그림은 인공지능이 더 잘 그리니 아마 그림으로 돈을 벌 일은 없을 것 같다.

이런 나를 엄마는 측은히 여기는 것 같다. 하지만 난 그런대로 괜찮다. 한 가지 아쉬운 게 있다면, 지난 10년간 진사친(진짜 사람 친구)을 한 명도 못 사귄 것 정도? 내가 그래도 대면 세상의 맛이란 걸 조금은 봐서 그런지 "모든 좋은 것은 과거의 것"이라고 생각하는 경향에 젖어들 때가 종종 있다. (엄마 말로는 본인도 '아날로그의 낭만'을 간직한 채 디지털 세상에 편입된 낀 세대였다는데 썩

공감이 가지는 않는다.) 그럴 때면 차라리 코로나 팬데믹 이전 세상을 아예 모른 채, 그 이후에 태어난 애들이 부럽다. 모르는 게 약이다.

아무튼 이런저런 작은 불만들만 제외하면 나란 사람, 나름 잘 적응해왔다. 물론 적응이 꼭 좋은 건지는 모르겠다. 도스토옙스키라는 작가가 "인간은 모든 것에 익숙해지는 존재"라고 했다는데, 모든 것에 익숙해진다고 인간이 되는 걸까?

3부

환상, 그 너머로

모두의 전공필수, 교차성

한 포르투갈 친구와 대화를 나눴다. 친구는 유럽 의회에서 일하는 진보정당 지지자로서 자국의 식민 역사와 인종차별주의에 비판적인 페미니스트 지식인이다. 우크라이나 전쟁이 화두에 오르자, 그는 흥분한 어조로 전쟁은 러시아가 아니라 미국과 북대서양조약기구NATO의 동진 탓이라고 분개했다. 흔히 듣는 비판이었지만 들을 때마다 비판의 초점과 우선순위에 의문이 생기는 주장이다. 특히 러시아를 서방의 자극 때문에 '정당방위'를 행한 피해자로 묘사하는 대목에선 듣고만 있을 수 없었다. 몇 마디 반박을 해봤지만 전혀 물러설 기미가 없는 그를 보며 문득 이런 생각이 스쳤다. 성폭력 사건에서 여성의 행동·선택 (무슨 치마를 입었건, 밤에 다녔건)이 가해자를 '자극'했다는 말 따위 꺼내지도 않는 게 상식이 된 건 당신도 동의하리라. 그런데 우크라이나의 선택(NATO 가입 추진)이 러시아를 '자극'했기에 침공이란 폭력이 합리화된다는 논리, 약소국은 강대국을 자극하지 말고 '완충지'로서 잠자코 지내야 한다는 논리는 어떻게 수용하나! 물론 그 두 가지는 전혀 다르다는 대답이 돌아올 것이다. 과연 그럴까.

교차성intersectionality이라는 개념이 있다. 젠더나 인종에 따른 차별이 분리된 게 아니라 교차하며 일어난다는 점에 착안해 흑인 여성학자 킴벌리 크렌쇼Kimberlé Crenshaw가 처음 주창했다. 최근엔 이 교차성이 여러 소수자성을 단순 덧셈하는 식의 정체성 정치에 흡수됐다는 인상이다. 내가 생각하는 교차성의 힘은 '정체성identity'이 아니라 남의 일을 내 일처럼 '동일시identify'하는 데, 또 약자를 억압하는 힘들의 유사함에 주목해 그 본질을 드러내는 데 있다. 실제로 지배 세력이 작동하는 구조는 닮은 점이 많다. 가령 여성을 차별하는 사회, 노동자를 착취하는 기업, 자연을 수탈하는 기업, 성소수자를 억압하는 정치에는 일맥상통하는 '지배자 원리'가 있기에 여기에 맞서는 사회 운동의 연대도 가능하다. 그런 면에서 교차성은 한때 운동끼리 상호 보완하고 흩어져 있는 투쟁들을 결집시켜주리라는 희망 마저 줬다.

그러나 안타깝게도 시간이 흐를수록 운동마다 각자의

우물에 갇혀 자신이 비판하는 억압을 다른 방식으로 재생산하면서 자각조차 못 하는 현상이 자주 눈에 띈다. 노동 정의를 부르짖으며 조직 내 성폭력에 쉬쉬하는 정치집단, 아시아인 폭행은 우발적 사고쯤으로 치부하는 흑인 인권운동, 한 제국주의는 날카롭게 비판하면서 또 다른 제국의 소수민족 박해엔 너그러운 지식인 사회, 2주된 태아의 생명은 끔찍이 소중해도 세계를 온전히 지각하고 고통을 느끼는 동물을 천문학적으로 살육하는 체제엔 눈도 깜짝 않는 낙태 반대 '생명존중' 운동….

어차피 인간은 모순덩어리라는 뻔한 회피성 결론을 내리는 대신 자문을 해보자. 더 많은 존재를 품도록 테두리를 확장하는 윤리 체계는 그렇게 어려운 것일까? 정말로 불가능한 것일까? 아니면 특권화된 한두 개의 의제 외엔 "나중에!"라고 일축하는 사고에 우리가 너무 익숙해진 걸까? 후자의 대표적 결과가 17년간 표류해온 차별금지법이다. 차별금지법은 우리의 현실을 가감 없이 보여주는 주요 지표 중 하나이다. GDP가 얼마든, 올림픽에서 몇 등을 하든, 누가 어디서 무슨 상을 받든 내겐 상관 없다. 이 법안이 국회에서 쳇바퀴를 도는 햇수만큼 우리 사회는 한 발자국도 전진하지 못한 것이다.

차별금지법에 반대하는 보수주의자도, 인류가 진보한다는 발전사관은 허상이라는 회의주의자도, 역사의 비가역적 흐름이 존재한다는 것은 부정할 수 없다. 과거에는 배경에 묻혀 있던 소수자들의 전면 부상이 그중 하나다. 세상이 원하는 속도만큼 변해주는 것은 절대 아니지만, 여성·장애인·노동계급·유색인종·성소수자·동물 등 소수의 목소리가 점점 커지는 경향은 막을 수 없다. 그래서 더 나은 세상을 갈망하는 노선끼리의 벽을 허물고 공감대를 넓히며 억압 세력의 공통성에 대항하는 교차적 상상력은 더욱 필요하다. 그렇다면 누가 교차성을 추구할 것인가? 정치적으로 완벽히 올바른, 온갖 소수자 정체성으로 '무장한' 몇몇 초인? 아니다. 그런 존재하지 않는 이상을 추구하는 대신, 우리 모두 교차주의자가 되어야 한다.

그 친구와의 대화 다음 날, 브라질 아마존에서 온 한 원주민 대표의 초청 강연을 듣게 되었다. 연사의 말이 우연치곤 마치 내 고민에 대답을 하는 것만 같았다. "이 사회에선 우리 원주민뿐만 아니라 유색인종, 성소수자 등도 비슷하게 차별당합니다. 이걸 이해하는 데 전문가가 필요한 게 아닙니다. 제대로 볼 줄 알면 됩니다. 그게 뭐가 그렇게 어렵습니까?"

환상하고 자빠지자

《꿈꾸는 소리 하고 자빠졌네》. 평소 좋아하는 송경동 시인의 새 시집 제목을 보고 우리가 꿈을 대하는 방식에 대해 생각해본다. 꿈, 환상, 몽상…. 비슷한 말들이지만 부정적 쓰임도 상당히 많은 듯하다. 환상은 특히 더 그렇다. "그건 환상일 뿐이야" "넌 환상에 빠져 있어" "환상에서 깨어나!" 누군가의 생각을 깎아내릴 때 우린 환상이라고 칭한다. 그 대척점에는 현실, 이성, 합리성(때론 과학)이 있다. 흥미롭게도 나의 스페인 친구는 스페인어로 환상$_{ilusión}$은 꼭 부정적이지 않다고 귀띔해준다. 식민 통치 기간 스페인어를 쓰게 된 영향은 아니겠지만 '마술적 리얼리즘'으로 알려진 남미문학도 환상의 다른 측면을 보여준다. 그 대표 격 소설로 알려진 마르케스의 《백년 동안의 고독》에는 마콘도 마을 주민들이 전염성 불면증에 걸리는 장면이 나온다. 잠을 못 자니 꿈을 못 꾸고, 꿈을 못 꾸니 기억상실로 이어진다는 내용이다.

불면은 더 이상 개인의 문제가 아니라 사회 혹은 시대의 문제이다. 예술사가 조너선 크레리는 저서 《24/7 잠의 종말》에서 신자유주의하의 자본주의체제에 잠을 빼앗긴 현 인류의 처지를 분석하며 개탄하기도 했다. 그런데 남미 아마존의 원주민이 볼 때는 잠만 잔다고 다 꿈을 꾸는 건 아니다. 꿈도 꿀 줄 아는 사람이 꾸는 것.

"백인들은 꿈꿀 줄 모른다. 꿔도 자기밖에 못 꾼다."
유명한 야노마미족의 샤먼, 다비 코페나와Davi Kopenawa의 말이다. 인류학자 에두아르두 비베이루스 지카스트루는 이 말이 현대인을 향한 가장 뼈아픈 일침이라고 했는데 얼른 이해가 안 간다. 글쎄… 꿈은 원래 자기를 꾸는 게 아니었나? 그게 편견이었나 보다. 야노마미족 샤먼들에게 '꿈'은 자연과 소통하는 매개이다. 그렇기에 야노마미족 그리고 코페나와에게 '꿈꾸기'란 이를테면 재규어나 새로 변신해 상상할 수 있는 한 가장 멀리까지 가보는 것, 즉 타자가 되는 것이다. 현대인들이 꿈이라도 제대로 꿀 줄 알았다면, 돈이나 물질이 아닌 다른 존재의 소리를 들을 줄 알았다면, 아마존 원시림을 불태우는 이런 식의 무지막지한 개발 따윈 없었을 것이다. 우리는 꿈도 못 꾸고 자아에만 몰두하는 주제에 원주민들의 얘기는 무시하거나 죄다 환상으로 치부해버린다.

오늘날 21세기 한국에서 꿈같은 소리란, 이를테면 이런 세상을 바라는 것이다. 탈성장(기후위기, 생태계 파괴, 자원 고갈 등 경제성장의 한계 요인을 인식하고 경제·사회 목표를 재설정하는 운동)을 내건 정당이 선거에서 승리하고, 산업재해 사망이 0건이 되고, '잊혀진' 공공주거의 상상력을 복원해서 내 집 마련과 공급의 틀에 갇힌 주거 문제를 해결하며, 10년 안에 배기가스 배출 자동차를 퇴출한 다음 30년 뒤엔 석탄·가스·석유 의존도를 0으로 만들고(암스테르담시는 이미 이행 중인 계획), 연 25억 개씩 쓰던 일회용컵 **없이** 음료를 마시고, 성적 지향 때문에 차별받지 않고, 공장식 축산과 육식에 의존하지 않는 저렴하고 맛난 먹거리가 풍부한 세상….

반면, 이런 모든 '환상'이 얼마든지 가능할 뿐만 아니라 당장 추구할 방향이라 확신하는 나 같은 이를 대책없이 순진한 몽상가로 취급하는, 주류의 '현실적' 사고란 뭘까? 지구는 유한한데 경제(GDP) 성장은 무한히 지속된다는 생각, 자원 문제는 과학기술로 효율성만 높이면 해결된다는 논리, '녹색 투자'로 공항 신축하고 수소비행기 날리고 전기차 사는 게 기후위기 대응이라는, 분배는 모두가 서유럽 중산층의 소비 수준을 따라잡고 난 다음에 하자는, 빈부격차와 소수자 권리는 외면하며 시간을 끌면 넘어갈 수 있다는, 주택 문제는 공급만 늘리면 해결된다는, 꼼수를 써서라도 좋은 대학만 가면 된다는 발상….

이 두 시각을 놓고 독자가 판단해주기를. 내가 보기엔 후자야말로 말도 안 되는 환상, 게다가 전혀 환상적이지 않은 환상이다.

서로가 서로의 현실을 환상으로 여기는 걸 보면, 세상은 환상주의자와 현실주의자로 갈리는 게 아니라 인간이라면 누구나 환상을 먹고 사는 동물인 모양이다. 그렇다면 어떤 편식을 할 거냐는 질문이 중요해진다. 나는 몇몇 동료와 '환상학교'라는 가상공간을 만들어 이를 토론하고 있다.

어떻게 하면 주입된 환상에서 깨어나 환상이라 치부된 꿈을 회복할 것인가. 어떻게 내가 아닌 타자로서, 개인이 아닌 사회로서 꿈꾸는 법을 배울 것인가. 그 꿈을 어떻게 환상적 현실로 만들 것인가. 무너질 걱정, 자빠질 두려움을 넘어 같이 환상해보자.

영향은 선택이다

　존경받는 자, 지위 높은 자, 돈 많은 자, 힘센 자, 똑똑한 자, 외모가 매력적인 자…. '덕목'들이 분산되어 존재하던 때가 있었다. 한 사람이 모든 걸 가질 순 없다는 상식이 통용되던, 보이지 않는 균형의 원리가 작동하던 옛날 옛적 얘기다. 그러다 어느 날 정신 차려보니 '겸비와 쏠림'의 시대가 도래했다. 외모가 잘나면 돈이 벌리고, 돈이 지위를 높이고, 지위는 추종자를 만들고, 추종자는 더 많은 돈과 힘을 불러오는 이 시대의 교훈은 단순하다. 일단 뜨기만 해라! 그러면 나머지 모든 일들이 술술 풀린다. 추종자만 상당수 확보하면 그 머릿수를 현금화할 방도는 많다. 영향력이 곧 재화인 주목 경제 속에선 상징 자본을 지렛대 삼아 도약하지 않는 자가 바보다.

　동시에 웬만한 현실·가상 세계의 구석구석을 온갖 화

면들이 파고들었고 그 화면들엔 어김없이 광고가 붙는다. 광고 환경은 새로운 자연이 됐으며, 광고 숲을 살아가는 디지털 원주민은 '광고 거부 감각'부터 퇴화되고 있다. 바야흐로 새로운 직종, '인플루언서'의 탄생을 위한 조건들이 갖춰졌다. 당당히 인플루언서라고 자기소개를 하는 사람도 점점 늘어났다.

전문적으로 영향을 미치는 직업이 따로 있다는 사실 그리고 온라인 사전에 등재된 이 단어의 두 번째 뜻이 "많은 온라인 팔로어를 보유하며 이를 통해 수익을 창출하는 자"라는 점은 의미심장하다. 인플루언서의 영향은 그냥 영향이 아니라 돈이 되는 '구매 영향력'인 것이다. 그렇다면 질문하지 않을 수 없다. 영향, 그것은 과연 무엇을 의미하는가! 이미 질주하는 돛단배에 추가로 부는 바람인 '순풍'도 영향은 영향이리라. 하지만 유의미한 영향일까? 인플루언서들의 영향도 대개 기존의 경향을 강화한다. 자본·소비주의 체제가 지향하고 장려하는 방향, 더 많은 물건을 더 빨리 사고 더 쉽게 버리도록 자극하는 방향으로 우릴 인도한다.

비금전적 가치를 강조하는 인플루언서도 일부 있긴 있다. 그래서 등장한 '선한 영향력'이란 용어는 기존의 영향력이 그다지 선하지 못함을 반증하는 것처럼 들리기도 한다. 그러나 선한 영향력도 어디까지나 표준 '구독자'가 허용하는 범위 내의 선함이다. 조금이라도 주제넘게 착한 영향력을 발휘하려고 했다가는 '손님'이 우수수 떨어져나가는 건 순간이다. 선善에도 넘지 말아야 할 선이 있는 것. 팔로어는 맹목적 추종자가 아니라 선택적으로 영향받으려는 상당히 까다로운 주체이다. 인플루언서만큼 그 생리에 예민한 사람도 없다. 추종자를 많이 거느릴수록 지켜야 할 선에 관한 자기검열 감각도 예민하게 발달하고, 동시에 영향력의 폭과 깊이는 점점 줄어든다. 팔로어가 증가할수록 (사회를 바꿀 진짜) 영향력은 감소하는 역설… 이쯤 되면 인플루언서의 실제 역할은, 흥미는 끌되 심기는 안 건드릴 적당한 콘텐츠를 공급하며 체제 공고화에 일조하는 것이라 해도 과언이 아니다. 자본 기계에 기생해 구독자 수와 '좋아요'를 챙기고 현금화만 하면 그뿐, 나머지(가령 영향 같은 건)는 부차적일 뿐이다. 한마디로 우리 시대의 가장 훌륭한 인플루언서는 인플루언스(영향)를 주는 척 **안 주는** 사람인 것이다.

현 체제가 만족스럽다면야 이게 다 무슨 상관이랴. 문제는 딱 하나뿐이다. 전 지구적으로 심각한 이 생태적 파국이 인플루언서-팔로어-온라인 플랫폼도 일심동체로 공헌하는 바로 자본주의의 한계 때문이며, 그래서 시급히 손을 봐야 한다는 것! 이 기후·생태 위기를 일컬어 그레타 툰베리는 "우리 집(지구)이 불탄다"라고 표현했다. 현 체제를 '불난 집'에 비유하면, 대다수의 인플루언서들은 열심히 부채질 중이고, 팔로어들은 그걸 열렬히 응원하는 셈이다.

만약 여기까지 공감한다면 우리에게 주어진 도전은 이것이다. 어떻게 하면 영향력과 돈을 구분해서 볼 수 있을 깃인가. 사령 누군가가 세계 최고의 갑부라고 해서 그의 말에 경청하지는 않는 것이다. 반대로 넬슨 만델라나 마틴 루서 킹 같은 인물은 (한 번도 인플루언서라 불린 적도 없이!) 영향력을 돈과 결부시키지 않고도 세상을 널리 이롭게 하는 데 일조했음을 상기하는 것이다. 인플루언서라는 말을 쓰거나 들을 때 일론 머스크 대신 간디를 떠올리면 지금 우리가 받는 영향의 종류가 어떤 것인지 새삼 돌아보게 된다.

어쩌면 굳이 위인들을 소환할 필요도 없다. 가장 알려지지 않은, 가장 목소리가 작은 존재들을 떠올려보자. 지구 가열로 멸종되는 산호초, 산불로 잿더미가 되고 도

축장에서 난도질당하는 수백억 마리의 동물들, 벌목과 채굴에 생존을 위협받는 원주민의 고통⋯ 이런 것들에 영향을 받을 수도 있다. 단 한 명의 '구독자'도 없지만 지금 이 순간에도 발산되는 영향의 파장들, 그것을 우리는 받을 것인가. 영향은 선택이다.

가짜 '그린'도 처벌한다면

퀴즈를 맞춰보자.

Q. 다음 중 기후 변화를 막는 데 좋은 운송수단은?
1) 기차   2) 비행기

삼척동자도 알 만한 이 상식*을 우리 국회의원들만 모르나 보다. 2023년 10월 6일, '가덕도신공항 건설공단법'이 압도적인 표 차이로 국회를 통과했다. 사사건건 싸우기 바쁜 양대 정당이 기후 문제에 있어서만큼은 합심해서 역주행 중인 한국 의회정치의 현주소를 보여준다는 점에서 이 법안은 자못 상징적이다.** 잘못된 단추

⟶　　답은 물론 기차. 비행기는 기차보다 승객 1인당 77배 많은 이산화탄소를 배출하는, 교통 분야에서 지구온난화의 주범이다.
⟶・　참고로 프랑스는 탄소 배출 감축을 위해 기차로 2시간 30분 이내로

는 이미 한 해 전에 꿰였다. '가덕도신공항 건설을 위한 특별법' 표결 때 국회 전광판에 뜬 절망적인 표결 결과가 아직도 눈에 선하다. 그중에서도 잊을 수 없는 이름들이 있다. 김성환 찬성, 양이원영 기권, 이소영 불참…. 저 세 명의 국회의원이 신공항 건설에 동조한 뒷맛은 지금도 쓰리다. 가장 큰 책임은 최고 책임자들에게 있겠지만 그들에겐 애초에 기대가 없었다. 허접한 그린뉴딜과 공허한 넷제로(온실가스의 배출량과 흡수량이 같아 순 배출이 0인 상태) 선언만 발표한 전 대통령과 평소 흑산도 공항을 밀어온 당시 여당 대표는 처음부터 투쟁의 대상이었다. 그러나 '환경·에너지 전문'이란 수식어를 내걸었던 중진 의원 그리고 환경단체 및 환경 법률가 출신으로 이뤄진 소위 '그린뉴딜팀' 의원들에겐 일말의 희망이라도 걸어보고 싶었나 보다. 법안 통과 저지까진 기대 안 했지만, 저항도 안 할 줄은 몰랐던 나의 순진함이라니!

저항은커녕 김성환은 뻔뻔한 궤변을 펼쳤다, 항공 온

*

도착 가능한 지역의 단거리 비행을 금지하는 기후 법안이 유럽연합 집행위원회의 승인을 받았고, 오스트리아도 3시간 미만 걸리는 국내선 항공편을 금지했다. 스웨덴에선 기후 활동가 그레타 툰베리의 영향 등으로 항공 여행을 자제하자는 "플뤼그스캄Flygskam"(비행 수치) 캠페인이 활발하다.

실가스는 별게 아니라는 망발과 10년 후에 수소 비행기가 상용화된다는 공상을 동원해. (여기서 가덕도신공항 특별법의 문제를 논하진 않겠다. 많은 글이 나왔고, 꼭 기후 전문가가 아니어도 탄소중립이라는 목표와 신공항 건설의 모순은 명약관화할 테니까.) 이 법의 통과를 위한 결의대회에 합세까지 한 이소영과 "기후위기를 말할 이가 21대 국회에 없을 거란 위기감에 비하면 위성정당 논란은 안 중요하다"라며 정계 진출을 합리화했던 양이원영은 비겁한 회피를 택했다. 그레타 툰베리가 말하던 "입으로만 위기를 떠드는 정치인"이 바로 당신들이었던가? 그들은 이번 가덕도신공항 건설공단법에서도 찬성 기조를 유지했고, '덤'으로 923기후정의행진 조직위원회에 참여하고 당내 기후위기대응 특별위원회를 설립해 기후정치를 내세우는 진보당의 유일한 의원 강성희마저 찬성표를 보냈다.

　위기가 아닐 때는 가짜를 못 본 척할 수 있다. 지금은 그럴 수 없다. 한국의 온실가스 감축 계획은 유엔에서도 퇴짜를 맞았고, 위기 대응은 이미 지체된 지 오래다. 확실히 도움되는 것들만 추려 숨 가쁘게 추진해도 부족할 만큼 탄소중립은 갈 길이 멀고 시급하다. 이런 판국에 가짜 녹색들의 동조하에 전속력 역주행이라니, 그저 암담할 뿐이다. 벌써부터 다른 지자체들의 신공항 건설 의지가 들썩인다.

이쯤 되면 이른바 '그린 워싱(친환경을 표방해 이익을 취하지만 실제 행동은 거리가 멀거나 오히려 반反환경적인 일종의 광고 세탁술)'에 대한 법적 처벌이 필요해 보인다. 실제로 이번 국회 들어 가짜와 왜곡을 처벌하는 입법 활동이 있었는데, 그 예로 2022년에 제정된 '5·18 왜곡 처벌법'이 있다. 그나마 우리 사회에는 5·18 정신을 부정하는 이를 걸러낼 세력과 자정 능력은 존재하지만, 녹색 거짓말과 왜곡은 아무리 판을 쳐도 변변한 제재 장치가 없으니 후자의 처벌이 더 시급하지 않을까? (녹색인증제도론 어림없다. 인증기관부터 신뢰하기 힘든 상황이니!)

물론 이런 법은 발의조차 안 될 것이다. '그린의 진위를 가를 기준이 뭐냐? 누가 판단하나? 흑백논리 아닌가?' 등의 문제 때문은 아니다. 공감 갈 만한 기준을 정하고 공정한 집행도 할 수 있다. 쉽진 않지만 마음만 먹으면 가능하다. 문제는 그린 왜곡이 정치·경제·사회 전 영역에 너무도 만연한 현실이다. 그린 워싱의 원조 격인 이명박의 녹색성장 정책부터 시작해, ESG 경영을 외치면서 환경·사회적 비용을 만만한 곳들(가령 개도국)에 외부화해온 대기업들은 물론, 코로나19가 터지기 전까지 십수 년간 바다와 대기를 오염시키는 크루즈 선상의 '친환경' 투어를 팔아온 국내 대표격 환경단체까지… 일일이 처벌했다간 과잉범죄화 현상이 일어날 만큼 가짜가 넘쳐 난다. 바로 이것이 그린 워싱의 치명적 폐해다. 가짜들이 자꾸 회색을 녹색이라 속이면 사회 전체가 하강한 기준에 적응해버리는 것이다. 그리하여 '현실은 원래 이 수준'이라는 허무주의가 상식으로 정착하고, 변화에 필수적인 진짜 녹색 접근들은 극단적 이상주의로 치부되고 배제된다.

무결점의 그린을 찾자는 게 아니다. 그런 건 없다. 적어도 너무 심한 것들이라도 거르자는 것이다. 어렵게 말하자면, 무늬로 표방하는 녹색 수사의 정도와 그걸로 챙긴 반사이익 대비 실제 결과의 차이가 현격한 행위만이라도 말이다. 가령, 환경 의원 간판을 걸고 저따위 표는 못 던지게, 석탄발전소와 공항을 지으면서 탄소중립 운운하지는 못하도록, 최악의 기후 악당 기업인 주제에 뻔뻔하게 녹색 분칠을 했다간 큰 벌금을 물도록 할 어떤 견제·제제 장치를 구상해야 한다. 이번 신공항 사태와 그린뉴딜파의 배신을 보며 다시금 분명해진다. 기후위기 대응의 주체는 가짜 녹색 권위에 '불복종'하는 우리 일반인들이다. 우리가 자율적 시민운동의 압박력을 높이는 수밖에 없다.

나눔의 미학(10-1=13)

인류학자 마리아나 카왈 페헤이라는 수학교육자 출신으로 원주민들의 수 개념에 관심이 많았다. 하루는 아마존의 수야족과 낚시를 다녀오며 대화를 나눴다. "당신은 열 마리의 생선을 잡았고 그중 셋을 동생에게 줄 거라고 했다. 그럼 총 몇 마리가 남는가?" 이 지극히 평범한 질문에 "13"이라는, 뜻밖의 대답이 돌아왔다. 잘못 알아들었나 싶어 재차 물어봤지만 답은 같았다. 혹시 산수를 할 줄 모르는 것인가? 그것도 아니었다. 설명인즉슨 "우리 수야족은 다른 사람에게 뭘 주면 줄어든다고 여기지 않는다. 내 형제에게 생선을 주면 그는 항상 그만큼 혹은 더 많이 돌려준다. 나에게 열 마리가 있고 그중 세 마리를 주면, 그도 나중에 (생선이 생길 때) 내게 나눠줄 것이다. 그러니까 10 빼기 3이 아니라 10 더하기 3, 즉 13이다." 다른 원주민들에게 물어봐도 열세 마리라

답했고, 이 결론을 설명하는 논리도 비슷했다.

나눔과 상부상조에 기초한 원주민 공동체의 작동 원리가 뺄셈을 덧셈으로 둔갑시킨 이 사례는, 가장 엄격하고 객관적 학문으로 통용되는 수학의 기초인 사칙연산에도 인간의 주관성이 스며듦을 보여준다. 결론이 하나밖에 없어야 할 것 같은 뻔한 계산도 사용자의 사고방식과 가치 해석에 따라 달라질 수 있는 것이다. 이런 셈법은 언뜻 낯설어 보이지만 근대화 이전에는 세계 곳곳에서 유사한 사고방식을 발견할 수 있지 않았을까 싶다. 그리고 산술과 가치체계를 뒤섞는 일로 말할 것 같으면, 사실 멀리 갈 것 없이 현대사회에도 흔히 일어난다. 그중 하나로 (앞선 사례와 정반대로) 분배 대신 성장에 기초한 셈법을 들 수 있다. 가령, 관심이 있는 사람이라면 최근 "지구 온난화로 인해 전 세계적으로 수십억 달러 이상의 손실이 발생한다"라는 유의 정보를 쉽게 접할 수 있는데, 이런 중요한 숫자가 정부·기업이 주요 목표를 설정하고 미래를 설계하는 온갖 계산식들에 포함될까? 그렇지 않다. 성장률과 배당금 등 당장의 성과와 관련된 지표들 말고는 좀처럼 포함되는 법이 없고, 기껏해야 '외부효과' 따위로 분류돼 부차적인 정보로 취급되기 마련이다. 그리고 이러한 배제가 전혀 이상하다고 여겨지지도 않는다. 하지만 생각해보자. 양적 경제 성장이 불가피하게 온실가스 배출로 이어져 미래 세대에게 부채가 된다면 이런 성장은 플러스일까, 마이너스일까? 마이너스 성장이야말로 플러스가 아닐까?

같은 계산이라도 공동체적·장기적 가치를 우선시해서 하는 세상은 얼마나 다를지 상상해본다. 적게 가지고 많이 나누는 걸 부·번영과 등치시키는 세상 말이다. 이를테면 내가 조금 적게 버는 것이 남에게 고용의 기회를 주고, 그것이 사회 전체로 봤을 때 이익이라는 것이 상식으로 통하는 사회라면, 사람이 사람을 보는 눈빛이 달라질 것이다. 최소한 정규직-비정규직으로 갈라져 차별·대립하고, 연봉으로 비교하며 극한 경쟁 하는 일은 없을 것이다. 물론 이런 상상은 누군가에겐 꿈같은 얘기로 들린다. 우리가 받아들인 체계와 교육이 다른 생각의 여지들을 말살해버렸기 때문이다. 이를 포르투갈의 사회학자 보아벤투라 드 소자 산투스는 "인식론적 학살epistemicide"이라 칭했다.

위 사례도 수야족의 공동체적 가치가 단단했던 1980년대 초 수행했던 연구로, 40여 년이 지난 지금 그들에게 같은 질문을 던진다면 열에 아홉은 '7'이라고 답할 것이다. 나눔의 중요성을 말뿐인 교훈이 아니라 삶 속 계산에 실제로 적용해 지켜온 원주민의 '급진적' 사고는, 안타깝게도 이제 역사 저편으로 사라졌을 확률이 높다. 그런 의미에서 우리에겐 인류학이 필요하다. 상아탑 속의 분과학문을 넘어 고정관념을 깨주고 다른 사고의 가능성을 환기시키는 도구로서의 인류학, 다른 삶이 존재했음을 밝히고 알리고 그에 감탄하는 '지혜학' 말이다. 지혜 역시, 누구에게 준다고 줄어드는 게 아니지 않은가.

그레타 툰베리가 거슬리는 당신께

그레타 툰베리라는 리트머스 시험지가 있다. 이 청소년 환경운동가를 아는 사람들은 그의 말을 경청하는 이와 폄하하는 이로 극명하게 나뉜다. 내 관찰에 의하면 후자에는 중장년 남성이 많다(도널드 트럼프가 그 대표격이다). 2020년에 발행된 《한겨레》의 툰베리 인터뷰 기사는 이 시험지의 '효험'을 확인한 좋은 예였다. 기후위기의 심각성을 아는 이들에게 그레타의 말은 구구절절 상식이라 고맙거나 미안하다는 반응이 많았던 반면, '반대 진영'의 반응은 몇 가지 유형으로 정리할 수 있었는데 이 책을 빌려 일일이 답을 해보겠다.

⑴ "배후 세력이 조종하는 꼭두각시다." 근거 없는 낭설이다. 그녀는 아무도 주목하지 않고, 아무도 시키지 않고, 아무도 나서지 않을 때, 홀로 스웨덴 의회 앞에서 기후위기 등교 거부 시위를 시작했고 지금도 주체적으

로 활동한다.

(2) "어리다. 공부할 나이다." 공부는 그의 비판자들이 해야 한다. 툰베리의 발언을 주의 깊게 살펴보면 그가 실제로 기후 관련 핵심 보고서들을 정독했음을 알 수 있고, 직업 환경운동가가 봐도 정확한 지식과 근거를 바탕으로 하고 있다. 본인 스스로 늘 강조하듯 그는 새로운 말이 아닌 과학자들이 수십 년간 경고한 내용을 전달하고 있다.

(3) "잘사는 나라 출신 백인으로 특혜를 누린 주제에." 툰베리는 기후위기가 취약계층에게 더 큰 피해를 입히며 불평등을 심화시킬 것임을 잘 안다. 그래서 그의 비판도 고국인 스웨덴 같은 부유국 또는 지도자·기득권층을 겨냥해 더 큰 책임을 강조하는 내용이다.

(4) "아스퍼거증후군 환자다." 그래서? 정신장애에 대한 편견을 노출하는 무식한 반응으로, 일고의 고려할 가치도 없다.

(5) "미디어가 만들어냈다." 모든 운동처럼 기후 운동도 당연히 얼굴이 필요했다. 북극곰으로는 부족했다. 몇 가지 운이 맞아떨어졌다. 기후변화는 점점 심각해졌고, 전 연령층이 쉽게 접할 수 있는 관련 정보들이 쏟아졌

고, 이를 어린 나이에 숙지하고 진지하게 고민한 그녀가 나타나 특유의 직설화법으로 정체된 기후 담론에 불을 지폈다. 기후 이슈에 우호적인 매체·기관들이 그에 열광해 그 존재감이 증폭된 건 사실이지만, 그게 문제라면 가령 말랄라 유사프자이가 최연소 노벨평화상을 수상한 것도 문제인가? 대중적 '상징'에 언론이 주목하는 건 당연하며, 달보다 달을 가리키는 손가락을 보는 일부 대중이나 미디어의 생리는 전혀 별개의 문제이다.

(6) "이중적이다." 기껏해야 일회용 플라스틱을 몇 번 썼고 그의 조력자 중 몇 명이 비행기를 탔다는 정도인데, 그 정도면 웬만한 어른보다 훨씬 언행이 일치한다. 치졸한 흠집 잡기 그만하고 자신부터 돌아보자.

(7) "건방지다." 사람들은 메시지가 거슬리면 메신저를 공격한다. 그레타 이전에 유엔 회의나 공식 석상에서 기후에 관해 공손하고 착하게 '아이다운' 발언을 한 이들은 많았지만 아무도 귀담아듣지 않았다. 툰베리는 어른들의 체면 따위 안중에 없다. 오로지 진실과 팩트에만 관심 있다. 그래서 기성세대를 벌거숭이 임금으로 만들었으니 부끄러운 게 당연하다. 문제는 수치를 반성으로 전환시킬 만큼도 성숙하지 못해 얼른 역공격 태세로

전환하는 한심한 어른들이다. 일부는 인신공격을 넘어 성희롱까지 하는 등 못 봐줄 수준인데도 그는 의연하게 기후 담론 확산에 집중한다. 앞으로 그가 어떻게 변모할지 몰라도, 주변부에 머물던 기후 이슈를 이만큼 알린 공로만으로도 세계인들이 감사해야 한다.

그레타가 거슬리는 이들이, 나는 거슬린다. 기후 이슈는 물론 유·청소년을 대하는 기성 사회의 보수성을 보여주기 때문이다. 만약 한국의 청소년 기후활동가가 그녀와 같은 말과 행동을 했다면 '그레타'가 될 수 있었을까? 청소년들이 스포츠·연예를 통해 '국위선양'할 땐 환호하지만 그들이 자기 생각을 가감 없이 피력하는 순간 반드시 논란이 일고 '보복'이 시작되는 나라에선 불가능했을 것이다. 그러니 마이크가 주어져도 누가 들어도 불편하지 않을 얘기만 하게 된다. 가령 "꿈을 꾸세요!" 같은.

이대로 가면 꿈을 추구할 미래 자체가 없다는 진실을 밀레니얼들이 외칠 때 우리 '꼰대'들이 갖출 수 있는 최소한의 예의는 경청이다.

아낌없이 죽는 바다

다큐멘터리 〈씨스피라시〉가 화제다. 바다의 위기를 다
룬 다큐멘터리는 많았지만, 터부시된 주제를 이렇게 파
고들어 과감한 결론까지 제시한 작품은 없었다. 그 주제
는 어업, 결론은 어류 소비 보이콧이다. 이 보이콧은 다
른 선택지가 없는 소규모 생존형 어업이 아닌, 바다를
'거덜 내고' 있는 선발국의 대규모 수산업을 겨냥한다.
가령 아프리카 연안의 어업 환경을 파괴한 국제 원양산
업이 그 대표적 사례인데, 알다시피 여기엔 한국도 한몫
했다. 거대 기계화된 어선은 규모부터 다르다. 참치 연승
선의 낚싯줄은 수십 수백 킬로미터에 이르고, 선망선 한
척이 하루 잡는 양은 수십 톤 이상이다. 저층 트롤선은
심해를 초토화시키는 불도저다. 이런 기술을 동원한 남
획·혼획으로 전 세계 어획량과 해양생물 개체 수는 점
점 감소하고 있고, 특히 상어 같은 상위 포식자의 경우

전체의 8할이 사라지며 생태계 균형이 깨지고 있다. 이게 다가 아니다. 폐그물 등 어마어마한 양의 플라스틱 쓰레기, 양식업의 오염 및 사료 문제, 이주 어선원의 비참한 현실 등… 책 한 권을 써도 모자란다. 무한히 주기만 하던 바다 같은 건 이제 없다.

'반대편' 말도 들어봐야 한다고? 물론 업계와 정부, 이들과 '친한' 전문가들은 생각이 다를 것이다. 벌써 여기저기서 불편해하는 반응들이 들린다. '위험한 선동 다큐다' '바다 걱정 하느니 수산업 걱정이나 해라' '규제가 너무 심해 죽겠다' '환경보호? 알아서 잘하고 있으니 안심하고 많이 드시라, 지속가능한 수산물을!' 나도 한때는 환경-인권 비정부기구에 소속되어 "지속가능하고, 윤리적이고, 합법적인 수산"을 위한 캠페인을 했었다. 이 슬로건의 의미는 해양생태계의 균형을 깨뜨리지 않고, 가장 취약한 어업 노동자의 권리를 침해하지 않으며, 불법 어업 없이 바다 생물을 잡는 방법을 말한다. 하지만 막상 누가 그런 수산물이 정확히 뭐냐고, 어디서 구할 수 있느냐고 물으면 자신 있게 말할 수 없다. 몇몇 해조류 정도가 떠오를 뿐이다. 왜 그런가?

위에서 열거한 문제들이 먼바다에서 일어나지 않는다

는 걸 확인하려면 투명하고 신뢰할 만한 정보가 특히나 중요하다. 그런데 수산업과 관련된 대개의 정보는 부족하거나 불투명하거나 이해관계에서 자유롭지 않다. 정부의 책임 부처인 해양수산부부터 수산업 발전을 존재 이유로 여기니 해양 생태나 노동자 보호는 한참 후순위이다. 또 광물 같은 '자원'으로 취급되는 어류 개체 수에 대한 자세한 정보는 경쟁국과의 어업 협상 또는 업계 보호라는 명분 때문에 말 그대로 0마리(명태처럼)가 되기 전까진 투명하게 공개도 안 된다. 가장 신뢰할 수 있어야 할 학계도 독립적이지 못하다. 한 다리 건너면 지인·동기·동종 업계 종사자인 수산 분야는 관련 연구도 산업 보호의 관점에서 이뤄지고, 관·업계에 철저히 의존적인 구조에서 온갖 눈치를 보며 수행되니 연구자는 불리한 내용을 피하거나 수위를 조절하기 쉽다. 개중 유일하게 일반인도 쉽게 수산 정보에 접근 가능하도록 마련된 수산물이력제는 도입 10여 년째 유명무실한 것으로 유명하다. 한마디로 지금의 '수산판'은 영리를 목적으로 하는 판매자와 그 지원자(정부) 말만 믿어야 하고, 그들이 괜찮다면 괜찮은 구조다. 어선원 인권도 마찬가지다. 극히 드물게 정부가 노동 현장 조사를 하면 노동자에게 직접 해야 할 질문을 선장에게 대신 하거나, 선장 보는 앞에서 하는 식이다. 제대로 된 조사 결과가 나올 리 만무하다. 사정이 이렇다 보니 당연히 시민 단체 같은 비영리 분야에서 나오는 독립적인 연구나 조사, 증언을 참고할 수밖에 없는데, 이런 정보원들은 하나같이 상업 어업의 문제적인 현실을 보여준다.

〈씨스피라시〉의 결론처럼 수산물을 안 먹으면 바다를 살릴 수 있을까? 대규모 보이콧 운동으로 업계를 압박해 '노테이크no-take'(조업 금지) 해양보호구역 지정이나 강력한 보호 정책으로 이어지지 않으면 힘들 것이다. 그래도 의미 있는 시작이다. 바다 생물을 보는 관점을 바꿔주기 때문이다. 우리는 아직도 어류의 고통을 부정하는 시각이 팽배한 사회 속에, 산낙지의 살육 과정을 보며 입맛 다시는 걸 '존중'하는 문화 속에, 신비로 가득한 '물살이'의 세계를 '물(의)고기'로 축소하는 언어 속에 갇혀 있다. 과거의 지혜가 "물고기를 잡아주지 말고 잡는 법을 가르쳐줘라"였다면 이 시대엔 물살이를 안 잡고 사는 지혜가 절실하다, 낚시 프로그램 따위가 아니라.

공해상 어업 금지론

실비아 얼이 누구인가? 평생을 바다 연구에 헌신한 전설적인 해양학자, 7000시간 이상의 잠수 기록 보유자, 전 미국 해양대기국 수석과학자, 《타임》이 최초로 선정한 "지구 영웅" 등의 화려한 수식어들이 말해주듯 해양 연구와 보전 업적으로 전 세계적인 존경을 받는 인물이다. 그가 지난 26차 유엔기후변화협약 당사국총회에 연사로서 참석해 '폭탄'을 터뜨렸다. "공해상 원양 어업을 금지해야 한다"라고 주장한 것이다. 이러한 발언이 처음은 아니었지만 전 세계 언론의 이목이 집중된 공식 석상이었기에 여파가 더욱 컸다.

그가 이런 주장을 하게 된 배경은 무엇인가? 현재 기후변화 대응은 육지 관련 정책에 치중돼 있어, 결코 그보다 덜 중요하지 않은 해양보호 대책은 크게 미흡한 실정이다. 대기 균형과 산소 공급에 결정적인 식물성플랑

크톤이 1950년 이래 40퍼센트나 감소했고, 유엔 식량농업기구의 2018년 보고서에 따르면 전 세계 해양 어족의 3분의 1 이상이 어업 때문에 남획되고 있다. 아슬아슬한 한계치까지 어획되는 어족을 포함하면 90퍼센트에 이른다(원양 산업의 경우, 중국·대만이 60퍼센트, 한국·일본·스페인이 각각 10퍼센트씩 차지하는 5개국 독식 체제다). 그렇다면 해결책은 뭘까? 전 인류가 바다의 건강에 의존한다는 엄연한 사실에 부응하는 행동을 하는 것이다. 이를 위해 제일 먼저 할 일은 바다를 살리는 생물들을 죽이는 일부터 멈추는 것이다. 지상 최대의 용인된 야생동물 거래인 수산업을, 최소한 공해상에서라도 일시적으로 정지하자는 '모라토리엄'을 선언하는 것이다. 최소한 기후위기를 극복할 때까지만이라도 말이다. 여기다한 가지 추가할 수 있다면 미래 세대를 위해 해양보호구역MPA을 2030년까지 30퍼센트로 확대하는 것이다.

자세히 들여다보면 급진적이긴커녕 지극히 합리적이고 논리적인 주장이요, 바다를 연구하는 학자로서 생태계 파괴를 최전선에서 직접 경험하며 체득한 진실을 알린 용기 있는 발언이다. 실비아 얼이 해양생태계 분야에 있어 세계 최고 권위자 중 한 명이라면, '수산 자원 전문가'만 즐비한 우리 현실에선 나올 수도 없거니와, 설령 나온다 해도 곧바로 무시 또는 일축 당할 의견이다. 바다의 가치는 오로지 식량과 채취 자원, 군사적 이익, 교통·관광 수단으로서만 평가되었기에, 산업의 시각과 이해관계에 휘둘리지 않고 바다 생물을 단순한 자원이 아닌 생태계의 일원으로 보는 시선은 존재하지 않다시피 하다. 그러다 보니 우리의 해양 정책은 수산업 진흥 정책과 동일시되어왔다. 특정업계가 바다를 더 잘 거덜 내도록 국가가 세금을 들여 지원하면 할수록 우수한 정책이었고, 지금도 마찬가지다.

바다를 둘러싼 이 현격한 시차가 드러나는 이슈가 또 있다. 바로 수산보조금이다. 식량안보를 명분으로 수산업에 지급되어온 보조금은, 2018년 기준으로 약 80퍼센트 이상이 대형 선박과 중장비를 동원하는 대규모 기업형 어업에 집중되면서 과도한 어획, 서식처 파괴, 바다 생물(업계는 '수산 자원'이라고 부름)의 고갈을 불러왔다. 이런 지원을 '유해 보조금'으로 분류하는 관점이 학계를 비롯한 국제사회에서 폭넓게 받아들여져 20년 이상 논의 중이다. 세계무역기구WTO 각료회의에서 조만간 유해 보조금 폐지 여부가 결정될 전망이며, 설혹 당장 타결이 안 되더라도 포괄적·점진적 환태평양경제동반자협정CPTPP 등을 통해 근미래에 보조금이 규제·폐지되는 건 시간문제로 보인다.

한국은 이런 조류에 둔감했다. 정부는 정보 공유에 소홀했고, 업계는 자발적 쇄신에 게을렀다. 아직까지 유해 보조금이란 개념조차 인정을 안 하는 수준에 머물면서, 변화를 거부하며 '버티는' 명분으로 보조금 폐지로 인한 영세 어민과 선원 노동자의 피해를 들고 있다. 정말로 그들을 걱정한다면 필요할 때만 약자를 대변하는 척할 게 아니라, 임박한 현실을 솔직히 인정하고 대책을 마련하는 편이 모두에게 도움이 될 것이다. 사실 국제 흐름을 뒤늦게 따라잡는 데 급급한 것도 문제다. 그토록 'K-뭐뭐'라는 명칭 붙이기를 즐기며 선진국이라고 자부한다면 한 번쯤 선도라는 걸 해볼 수도 있지 않은가.

나를 비롯한 여러 시민사회의 시각으로 봤을 때 정상적인 협상 테이블이라면 지금 '수산보조금 폐지냐, 아니냐'를 가지고 논할 때가 아니다. 논의는 '공해상 어업 금지냐, 수산보조금 폐지냐'라는 두 카드를 놓고 이뤄져야 마땅하다. 이 간극이 지금 바다가 처한 현실을 바다 현실을 무엇보다 잘 보여준다. 이런 상식이 급진으로 치부

되어 진지하게 거론되지 않는 이유 중 하나는, 해양생태
계를 돈벌이 수단이 아닌 기후위기 대응의 핵심 동반자
로 보는 인식의 절대 부족이다. 그래서 더더욱 '영혼 있
는 전문가'의 목소리 하나가 아쉽다. 실비아 얼 같은 잠
수 경력까진 바라지도 않는다.

미개를 향한 의지

미개未開는 아직 열리지 않음이다. 무엇의 열림인가? 생각의 눈이다.

우리는 '계기의 버스'들을 타고 내리는 존재들이다. 평소 자기 세계에 갇혀 살다가도 어떤 버스를 타고 하나의 여정을 겪다 보면, 승차했을 때보다 조금은 열린 내가 되어 하차한다. 과거의 인류가 '종교·과학·이데올로기 버스'를 거쳐 여기까지 왔다면, 21세기 들어 웬만한 노선은 '자본주의 버스' 일색이 되었다. 모두가 이 버스만 줄기차게 타고 내리면서 어느덧 필수 코스로 정착했다. 이 버스를 자주 타면 '자본-테크'라는 걸 익힌다고 한다. 이 기술의 매력은 뭘까? 한 가지 기술만 잘 연마하면 나머지는 딸려오는 '올-인-원' 패키지라는 점이다. 즉 자본-테크에만 눈뜨면 나머지는 다 생각의 눈을 감아도(미개해도) 괜찮다. 가령 '기후 버스'처럼 배차 간격이 긴 버스는 놀라도 그만이다. 최근 '양성평등 버스'가 조금 부상하긴 했지만 여전히 필수 코스로 여겨지진 않는다.

한때 미개의 반대말은 계몽이었다. 계몽된 문명인은 과학 발달의 혜택을 누리며 사회·문화·윤리적 진보에 두루 밝은 인간을 지칭했고(경제관념은 여러 '교양' 중 하나일 뿐이었다) 그들은 '야생'에 사는 원주민을 미개인 취급했다. 그런데 문득 주위를 둘러보니, 정작 미개한 건 문명을 뽐내는 우리 현대인 같다. 코로나19가 좋은 예이다. 무분별한 개발로 자연을 착취하다가 인수공통감염병을 배양하다시피 했고, 국지적 감염으로 끝날 수 있었던 역병을 팬데믹급으로 키워냈다. 그래놓고는 근본 원인에 대한 아무 조치도 없이, 백신·마스크·배달서비스·일회용품·살처분으로 대충 넘어갈 수 있다고 생각한다. 또 최근 국내외 사건들을 접하면 장애인 차별, 인종차별이나 성차별 문제는 되레 퇴보한다는 인상마저 받는다. 인류의 깜냥이 딱 여기까지인가? 피부색과 성, 신체의 자유도로 사람을 차별하지 않는 일이 그렇게까지 어려운 일일까? 스마트폰의 온갖 앱과 복잡한 인증 시스템을 자유자재로 멀티테스킹하며, 난해한 주식시장과 회계 원리를 섭렵하는 머리와 노력의 1퍼센트만 써도 이 세계가 여전히 이 상태일까?

누군가는 이렇게 답하리라. "문제는 경제야, 멍청아!" 그런 사람들에게 경제 이외의 이슈는 더 먹고살 만해지면 알아서 해결되는 지엽적인 문제들이다. 반면 경제성장을 1순위로 두지 않는, 돈의 흐름과 테크놀로지 적응에 느린, 기후·환경·동물권·성소수자·난민·장애인 이슈가 지금 당장, 동시에 해결해야 할 이슈라고 보는 나 같은 사람이야말로 세상 물정에 어두운, 계몽이 필요한 미개인이다. 물론 내 생각은 정반대다.

과거의 미개는 불가피하고 안타까운 측면이라도 있었다. 기회가 없거나 교육을 못 받아서 생각이 굳고 닫혀버린, 일종의 무고한 미개랄까. 그렇기에 어쩌다 운이 좋아 '신문물'을 접하고 미개 상태를 벗어났다고 해서 그다지 자랑할 일도 아니었다. 그러나 지금의 미개는 선택적이고 계산된 미개이다. 기회가 부족해 어쩔 수 없이 처하게 된 의식 상태가 아니라 미개 상태가 주는 편의를 적극 유지·연장하려는 의지로 충천한, 당당하다 못해 뻔뻔한 미개이다. 그리고 아뿔싸, 후자의 세력이 세상을 우점해버렸다. 그리하여 돈만 있으면 다른 부문엔 '젬병'이라도 흥이 안 된다는 사실을 간파한 '자본 계몽인-나머지는 미개인'들이 걷잡을 수 없이 창궐하는 세상이 되었다. 과학은 필요할 때만 소환하고 입맛에 안 맞으면 버리는 족속이라 전 지구적 팬데믹, 기록적 장마나 폭염, 홍수 같은 명백한 결과를 겪어도 기후·생태 위기와 연결하지 않는다. 오히려 기상 재해 때 기후변화를 언급하면 "재난을 정치화하지 말라"며 물타기만 한다.

미개의 의지에 밀려 변두리로 밀려나버린 이슈들의 권리를 회복하려면 어떻게 해야 할까. "권력을 향한 의지"를 설파한 철학자 니체에 따르면, "타인의 권리란 우리의 힘이 타인의 힘에 양보하는 것"이니, 어렵더라도 힘을 키우는 것이 유일한 방법일지 모른다. "문제는 기후라고, 미개인들아!"라고 거꾸로 호통칠 수 있는 세상이 되도록 말이다. 아직 미약한 소수자들이 기댈 유일한 힘이 있다면, 다가올 미래는 우리 편이라는 희망이다. 다소 늦고, 퇴보하는 것처럼 보여도 인종·성·성적 지향·종에 의한 차별이 조금씩은 해소되는 방향으로 역사가 전개될 거라는 믿음이다. 그날은 (늦더라도) 올 것이다.

그래도 도울 수 있을까

"한 인간이 다른 인간을 구한다는 건… 대체 어떤 거야?"

아프가니스탄 난민 수백 명을 구한, 이름을 밝힐 수 없는 한 친구에게 물어봤다. 난 누군가를 제대로 돕는 것도 너무 어려워 불가능한 게 아닐까 의심스러울 정도인데, '구한다'는 건 상상도 가지 않아 던진 질문이었다.

아프가니스탄이란 나라를 향한 그녀의 사랑은 10년도 더 되지만 모든 일은 뜻밖에 갑자기 일어났다. 사진가로서 영예인 모 유명 잡지의 지원 작가로 선정돼 수십 개국을 누빌 꿈같은 프로젝트를 펼치려던 찰나, 코로나19가 터졌다. 여행 금지로 모든 계획이 무산되어 억장이 무너지는데 코로나19에 감염되어 시름시름 앓았다. 그나마 일찍 확진된 덕택(?)에 회복한 감염자에 한해 여행을 허가한 몇몇 발칸 국가들에서 겨우 사진 작업을 재개해보려는데, 이번엔 탈레반이 카불을 점령한 '2021년 8·15 사태'*가 일어났다.

발등에 불이 떨어지자 그녀는 두 번 고민할 여유도 없이 가진 모든 수단을 동원해 난민들의 탈출을 돕고 또 도왔다. 그녀에게 누굴 구한다는 건 비유가 아니었다. 실제 행동이었다. 지난하고 번거로운 난민 수속의 전 과정을 돕는 일이기도 했고, 책임질 일들이 꼬리에 꼬리를 무는 걸 의미하기도 했다. 소용돌이에 자신을 내던진 느낌이 들었다. 난민들에게 그녀는 만능 해결사 또는 구원자 같은 존재였고, 그녀는 여기에 부응해야 했다. 어떤 이는 감사의 마음으로 그녀 얼굴이 새겨진 카펫을 제작해 선물하기도 했다. 이런 일화를 얘기할 때 그녀의 목소리에는 조금도 자랑하는 듯한 말투가 없었다. 그녀는 자신이 '전능'하긴커녕 힘없는 일개 시민일 뿐이란 걸 잘 알고 있었다. 단지 비극 앞에 손 놓고 있는 세상에 참을 수 없어 행동했을 뿐. 어느 순간 힘이 달리기 시작했다.

──• 2021년 8월 초부터 이슬람 무장단체 탈레반은 아프가니스탄의 주요 도시를 함락하기 시작했고, 서방 정부와 언론의 예상과는 달리 거침없는 진격을 이어나가 결국 2021년 8월 15일, 아프간 정부는 항복을 선언하고 평화적 정권 이양을 약속하면서 전쟁은 탈레반의 승리로 종결되었다. 이후 31일, 미군은 아프간 개입 20년 만에 완전히 철수하게 되었다.

도움이 필요한 난민들은 끝없이 몰려왔지만 혼자서 돕기엔 무리였다. 그녀는 세력가·지인들을 쉴 없이 쫓아다니며 이들을 도와달라고 통사정해야 했다. 때론 윽박지르기까지 했다. 그러다가 친구도 여럿 잃었다. 강연 기회가 있을 때마다 난민 사진들을 보여주며 구호의 시급성을 역설해 때론 기립박수도 받았지만, 그 많은 청중 가운데 실제 난민을 한 명이라도 돕겠다고 나서는 이는 없었다.

그렇다고 멈출 순 없었다. 그렇게 그녀의 아프가니스탄판 '쉰들러 리스트'는 200명이 훌쩍 넘었다. 그녀를 아는 난민들은 보증인이 필요하면 너도나도 (때론 사전 동의도 없이) 그녀 이름을 댔고 그로 인한 불이익은 온전히 그녀의 몫이었다. 다른 한편에선 오해는 물론 비방도 감내해야 했다. 그렇게 얼마를 버텼을까. 그동안 그녀는 사진 한 장, 글 한 줄 남기지 못했다. 완전한 마비 상태였다. 꽉 찬 메일함은 아프가니스탄 관련 메일뿐이었다. 남을 구하는 것이 자신의 몸과 마음을 버리는 일과 동의어가 되자, 이제 삶을 되찾아야겠다는 생각이 들었고 때마침 아마존이 눈에 들어와 그녀는 정글로 '탈출'했다 (우리는 그곳에서 만났다). 그리고 거기선 원주민들이 도움의 손길을 기다리고 있었다.

누군가를 돕겠다고 순진한 마음으로 나섰다가 늪에 빠지듯 끝없이 빨려들어간 경험을 나도 해봤다고 생각했지만, 그녀의 얘기를 들을수록 입이 절로 다물어졌다. 이 모든 일을, 그녀는 어디에도 쓰지 않았다. 내 자식들 얘기 같은데 어떻게 쓰겠냐며. (하지만 자식 얘기를 쓰는 작가들도 많지 않은가?) 그녀가 쓸 수 없다기에 나라도 기록해두고 싶었다. 한때 모두의 입에 오르다가 기억 바깥으로 밀려난 아프간 사태의 뒷얘기를, 누군가를 구하려고 몸과 마음을 바쳐본 사람의 체험담을.

꼭 난민이 아니라도, 누구나 인생에서 한 번쯤은 궁지에 몰린 타자를 도와야 하는 처지에 놓이게 된다. 어지간히 무감각하지 않고는 내 마음의 문을 두드리는 소리를 매번 외면할 순 없다. 참된 인간이라면 다른 인간을 도와야 한다는 건 알지만, 그것이 인간처럼 살길 포기하는 걸 의미해도 도울 수 있을까?

혹자는 이 세상엔 짐을 지는 사람과 지우는 사람이 있다고 했다. 어쩌면 문제는 누군가는 너무 많은 짐을 지고, 누군가는 조금도 안 지는 혹은 지우기만 하는 불균형이 아닐까, 한 인생사를 들으며 곱씹어본다.

바위로 계란 치기

나는 2000년대 초, 해외협력단원으로서 페루에서 2년을 살았다. 휴가 때 산악 도시 우아라스를 방문한 적이 있는데, 해발 3000미터의 고산지대로 인근 산봉우리의 만년설을 보는 산행 코스가 유명했다. 그때 난생처음 빙하를 밟아봤다. 10년 뒤 한 취재팀과 함께 같은 곳을 재방문했을 때, 나는 충격을 금할 수 없었다. 내 기억 속의 환한 색채는 온데간데없고 전반적으로 너무 어두웠다. 과거 분명히 빙하였던 곳이 완전히 녹아, 검은 바위산이 드러나 있었던 것이다.

3년 뒤 2015년, 바로 그 우아라스에 사는 농부이자 관광 가이드인 사울 루시아노 리우야가 독일 최대의 전력회사 에르베에RWE를 상대로 소송을 제기했다. 에르베에는 유럽에서 탄소 배출이 가장 많은 기업 중 하나인데, 우아라스의 융빙·홍수 등을 초래한 기후변화에 원인을 제공했으니 책임을 지라는 내용의 소송이었다. 사울은 이 기업이 1988~2015년 배출한 온실가스의 비율(전 세계의 0.5퍼센트)에 맞춰, 거주민들이 부담할 손해 복구 비용의 0.5퍼센트(약 2000만 원)를 배상하라고 요구했다. 독일 법에 "재산 침해를 받으면 침해자에게 책임을 물 수 있다"는 오래된 규정이 있다는 사실에 착안한 영리한 전략이었다. 소송은 독일 지방법원에서 기각됐으나 2017년에 고등법원에서 수용됐다. 코로나19로 추가 증거 제출이 연기되면서 최종 판결이 유예된 상황이지만 재판 결과와 무관하게 큰 파장을 일으켰다. 기후위기의 원인·결과가 국경을 초월함을 보여줬기 때문이다. 탄소 배출로 지구 가열에 기여했다면, 배출원의 소재지는 문제가 아닌 것이다.

그런 면에서 2021년 2월, 베트남에 석탄화력발전소를 건립하는 두산중공업을 상대로 벌인 우리 기후 활동가들의 시위는 너무도 이해하기 쉽다. 정부가 명백히 탄소 중립을 천명했고 두산도 이에 적극 동참하기로 선언해 놓고서, 최악의 탄소 배출 기계인 석탄발전소를 건립한다니! 서울에 짓든 베트남에 짓든 반대 명분은 충분했다. 그런데도 두산은 이 시위를 계기로 최소한의 성찰을

하는 모습을 보여주긴커녕 되레 활동가들을 고소했다. 두산의 '그린 워싱'에 항의하며 본사 앞 조형물에 녹색 칠을 한 걸 문제 삼았고 재판부는 대기업의 손을 들어 줬다. 활동가들이 시위 후 수성 스프레이 칠도 지웠지만 조형물에 스크래치가 발생했다는 점 등을 이유로 벌금 500만 원이 선고됐다. 이게 다가 아니다. 두산은 "임직원의 정신적 충격" 등을 들어 1840만 원 규모의 소송을 별도로 제기했다고 한다. 나는 귀를 의심했다. 그 발전소가 향후 수천만 톤씩 배출할 탄소를 생각하면 미래세대에 사죄를 해도 모자란데, 아니 먼저 고소를 당해도 싼데 거꾸로 소송을 제기하다니? 게다가 대기업으로서 젊은 활동가 두 명에게, 부끄럽지도 않나!

기후위기의 원인은 인류 활동이지만 사회적 책임이 월등히 큰 나라·기업이 존재한다. 고로 시민운동이 그런 정치인이나 기업을 겨냥하는 건 당연하다. 과거에 이 다윗과 골리앗의 싸움이 '계란으로 바위 치기' 아닐까 걱정했다면, 지금은 '계란을 짓밟겠다고 벼르는 바위들'을 걱정해야 한다. 세상의 모든 다윗들이여, 앞으로 마음의 준비를 단단히 하자. 기후만 위기인 게 아니라 모든 가치가 엉망진창 전도된 시대, 가해자가 버젓이 피해자 행세를 하는 분위기 속에서 **바위들의 반격**이 몰려온다. 물론 기후 이슈에 국한된 얘기가 아니다. 쿠팡 같은 거대 기업도 노동인권 현실을 비판한 언론을 고소하고, 대통령도 일개 시민을 모욕죄로 고소하는 이 '뉴노멀'…. 당최 적응이 안 된다. 선거철마다 느끼지만 세상에 '괜찮은 적'이 있다는 것도 큰 행운이다. 치졸하고 쩨쩨한 적들을 붙들고 있다 보면 수준만 동반 추락한다.

어찌 됐든, 기후 운동은 이런 위협에 굴복하지 않을 것이다. 이미 기후 소송은 전 세계적으로 폭발적인 증가세다. 안타깝게도 재판이 항상 기후 정의의 승리로 끝나진 않지만, 유의미한 판례가 쌓이면서 기준도 조금씩 변하고 있고 언젠가는 승소 경험도 쌓일 것이다. 겉으로 이미지 관리나 하고 실제로는 지구를 망치는 데 앞장서는 이들은 각오해야 할 것이다. 그 이유가 환경오염이든 인권 침해든 허위 광고든 또는 원고가 한국인이든 페루인이든 언제 어디서 누구로부터 소송장이 날아올지 모르니. 가장 현명한 방법은 지금이라도 정직하게 변하는 것, 역사와 인류의 적이 되지 않는 것이다.

희망에 대해 말씀드리지요*

늙어간다는 건 뭘까? 그건 단순히 나이를 먹는 것이
아니다. 더 이상 희망을 찾아 움직이지 않는 것이다. 혹
은 앉아서 찾는 것이다. 희망을 나 아닌 남에게서 찾는
것이다. 아니 찾지도 않으면서 관전평만 하는 것이다. 그
래도 된다고 생각하는 것이다. 세상일이 진심으로 걱정
돼 무슨 행동이라도 하지 않고는 못 배겨 거리로 나가
는 대신, 그렇게 나선 이들을 치기 어리거나 한심하게
여기는 것이다. (이 대목에서 태극기 부대도 거리로 나가지
않느냐고 반문할지 모르겠다. 그 부대의 문제는 그들의 늙음
이 아니라 그들만의 태극기다.)

늙음에 대한 자각이 머리를 스친 것은, 말라리아 약
을 처방받기 위해 찾은 리스본 열대병연구소 대기실에

— **제목은 내가 가장 좋아하는 세사르 바예호의 시집 제목에서 따왔다.**

서 우연히 텔레비전 뉴스를 봤을 때였다. 리튬 광산을 반대하는 시위대에 관한 내용이 나오는데… 어라? 화면에 낯익은 얼굴이 눈에 띄었다. 수년 전 신新리스본국립대의 '인류와 환경' 수업에서 만났던 친구 콘스탄사였다. 그녀와 교정에서 포르투갈 북부 바호주 리튬광산에 관한 대화를 나눴을 때만 해도, 이 주제에 대한 우리의 관심도는 대동소이했다. 포르투갈을, 유럽을, 전 세계를 점점 옥죄는 이상 기후, 특히 여름만 되면 점점 강도가 심해지는 폭염과 가뭄 그리고 악몽 같은 산불, 그러나 기후위기에 대한 대응이 화석연료 퇴출에 집중되면서 리튬 같은 광물 채굴은 미래 녹색산업으로 포장되는 현실, 스마트폰 사용 증가에 비례해 폭발적으로 느는 리튬 수요, 그 광산 때문에 황폐해지는 지구촌 이곳저곳, 이에 반대하는 소수의 시민운동…. 얘길 하면 할수록 가슴이 답답했다. 우리가 할 수 있는 건 없을까?

이 모든 공감을 나눈 후 내가 아무것도 안 한 사이에 그녀는 현장으로 달려가 어느새 저항운동의 일부가 돼 있었다. 화면에서 그녀를 목격한 그 몇 초가 뇌리를 떠나지 않고 거울이 되어 나를 비췄다. 지난 몇 년간 쌓여온 무력감이 나를 겹겹이 감싸고 있었다는 걸 그제야 깨달았다. 네가 발로 뛰던 시간 동안 난 뭘 하고 있었지? 기후위기에 무대응으로 일관하는 소식들이 밀려올 때마다 나는 "남은 인류애마저 사라진다"며 한탄만 했지. 우리가 다 너처럼 한다면, 각자의 안전지대에서 한 발짝씩 나와서 주관적인 기준에서라도 급진적으로 행동한다면, 그리고 그것들이 모인다면, 적어도 1968년보다 큰 전 세계적인 움직임이 형성될 텐데, 왜들 못 그러지? 너무 바빠서? 각자 코가 석 자라서? 하지만 콘스탄사, 너라고 한가했나? 아니잖아. 너 역시 바빴고 여유가 없었다는 걸 알아. 너도 인류학자가, 무용수가 되고픈 꿈도 있지만, 이 시대의 가장 큰 도전을 외면하지 않은 거잖아. 그리고 무엇보다 넌 희망을 잃지 않았지.

"지금 기후위기는 집단행동이냐 집단자살이냐의 갈림길에 있다!" 이 말을 한 사람이 누군지 넌 알 거야. 그래, '과격한' 환경운동가가 아니라 너와 같은 포르투갈 사람인 구테흐스 유엔 사무총장이야. 위기란 말이 무색한 행태를 보여주는 인류, 특히나 책임이 막중하면서 아무것도 안 하는 사람들을 보면 떠오르는 이미지가 있어. 페루의 아마존 원주민에 관한 소설, 마리오 바르가스 요사의 《이야기꾼The Storyteller》, 혹시 읽어봤어? 거기엔 깊은 절망에 빠진 나머지, 아주 작은 상처에도 삶의 의욕을 잃고 강변에 널브러져 죽기만 기다리는 마치겡 가족의 이야기가 나오지. 적어도 그들은 진짜 '답이 없는' 생존의 궁지에 몰리기라도 했지. 우린 뻔히 해결책을 알면서도 그 과업의 크기와 우리의 무기력에 압도돼 뭘 해보지도 않고 일찌감치 비관에 빠져 있지. 기후 재난의 빈도와 강도가 높아질수록, 탈탄소화만으로는 부족해 이 현대 산업 사회 전체를 뜯어고치지 않고는 해결 못 한다는 걸 뼈저리게 깨달을수록, 비관·방관론자는 점점 늘겠지. 아니 사실 지금도 충분히 많지. 너는 어떻게 낙담과 냉소와 체념의 행렬에 동참하지 않았어? 어떻게 최종적으로 희망을 택했어?

그렇게 혼자 물으면서도, 물어볼 필요도 없다는 것을 알았다. 이미 답을 알 것 같았기 때문이다. 아마도 그녀는 희망을 의식하지도, 굳이 찾지도 않았으리라. 단지 너무도 중요하고 긴급해서 움직이지 않을 수 없었고, 그렇게 스스로 희망이 **된** 것이리라. 이것이 내가 희망에 대해 **말할** 수 있는 전부이다. 남은 건 무엇을 하느냐뿐이다.

벌레에 힘입어

안녕하세요. 어제 강연 때 질문하신 분이죠? 강연자로서 제 대답이 부족했다고 느껴 이렇게 뒤늦게 연락드린 점 양해 부탁드립니다.

"이런 상황에서 어떻게 힘을 내시냐?"라고 물어보셨습니다. 사실 자주 받는 질문입니다. 아무래도 강의 내용이 낙관하기 힘든 기후-생태계 위기다 보니, 또 그런 주제에 관심이 있거나 관련 일에 종사하는 청중이시라면 그런 물음이 자주 떠오르겠지만⋯ 저로서는 피하고 싶은 질문이기도 합니다. 행여나 잘못 답했다가 힘만 더 빠지고, 청중 전체의 에너지마저 처질까 두렵거든요. 하지만 이번에도 어김없이 마주쳤네요. 소위 "기후 우울"이란 현상은 엄연한 현실입니다. 암울한 미래 전망, 손 놓고 있는 정부와 책임자들을 보며 한없이 비관에 빠져드는 마음을 누가 탓하겠어요. 거기다 아무 일 없는 듯

일상을 영위하는 대다수와의 괴리가 느껴질 때면 침울함은 배가될 수 밖에 없겠죠.

전 주로 평소에 도움이 됐던 말을 인용하는 걸로 답을 대신합니다. "실패하라, 더 낫게 실패하라"라는 사뮈엘 베케트의 말도 그중 하나인데, 답변에 실패하면 안된다는 제 부담도 덜어주는 명언이죠. 다만 너무 유명해 식상할 수 있고, 실제로 많은 실패를 겪은 경우엔 도움이 안 될 것이기에 선뜻 꺼내기 힘든 카드죠.

때론 '스톡데일 패러독스Stockdale paradox'를 들려줍니다. 베트남전 당시 8년간 포로수용소에 잡혀 있던 스톡데일 장군은 석방은 물론, 생존에 대한 아무런 보장이나 기약 없이 모진 고문을 견디며 인내해야 했죠. 끝내 살아 돌아온 그에 따르면, 낙관적인 포로들이 오히려 견뎌내질 못했답니다. "크리스마스엔 꼭 풀려 날 거야"라고 낙관했다가 뜻대로 안 되면 스스로 목숨을 끊더라는 것이죠. 그는 냉정한 현실을 직면하되, 마음 깊은 곳에선 낙관할 줄 알아야 했습니다. "현실주의자가 되자. 그러나 불가능한 꿈을 꾸자"라던 체 게바라의 말과도 통하죠.

때로는 환경운동가 제인 구달의 《희망의 이유》를 들기도 합니다. 모든 촛불이 꺼져도 희망이란 촛불만 있으면 다른 촛불에 다시 불을 붙일 수 있다는 비유는 아름답기까지 하죠. 다만 질문자에게 그런 일말의 희망마저 없다고 느껴질 땐, 이 말도 힘을 잃겠죠. 아흔이 다 되도록 건재한 구달 박사가 직접 말해주면 모를까요. '희망의 촛불'에 생각이 미치자, 유일하게 읽어본 경영서 《어떻게 살아야 하는가》의 문구도 떠오릅니다. 세상은 세 가지 부류의 사람, 즉 스스로 타는 '자연성' 인간, 남들이 태우면 타는 '가연성' 인간, 아무리 태우려고 해도 안 타는 '불연성' 인간이 있다고 합니다. 당신이 (희망의 촛불을) 스스로 불 붙이지 못해도, 최소한 가연성이라면 불이 꺼지려 할 때 얼른 자연성 인간 곁을 찾아가기라도 하면 희망의 불씨를 유지할 수 있습니다.

이것도 시큰둥하면, 로렌스의 유쾌한 시 〈제대로 된 혁명〉을 낭송하기도 합니다.

혁명을 하려면 웃고 즐기며 하라/ 소름 끼치도록 심각하게는 하지 마라/ 너무 진지하게도 하지 마라/ 그저 재미로 하라!

-데이비드 허버트 로렌스, 《제대로 된 혁명》, 아우라, 2008.

실은 이 중 어떤 답도 이렇다 할 효험을 보진 못했습니다. "기후위기는 조금만 노력하면 얼마든지 극복돼요"라 말할 수 있다면 가장 좋겠지만, 희망 고문을 할 순 없으니까요. 하는 수 없이 "대답이 됐는지 모르겠다"라며 말끝을 흐리고 나면 귀갓길 내내 질문자의 아쉬움 가득한 표정이 눈에 밟힙니다. 바로 어제처럼요.

제가 어떻게 답변드렸는지 기억하실 겁니다. "나는 동료들, 좋은 사람들에게 힘을 얻는다. 작은 사회 변화라도 만들려고 애쓰는 사람은 찾아보면 늘 어딘가에 있다. 크고 작은 기후 관련 모임·집회·축제·행진에 참여하는 것도 방법이다. 기후 문제를 진지하게 대하는 군중이 물리적으로 한자리에 모여 얻는 힘은 적지 않다. 뜻 맞는 사람을 찾아다니며 절대 고립되지 않는 게 가장 중요하다." 대강 이런 내용이었습니다. 나쁜 대답은 아니었다고 생각합니다만, 어딘가 찜찜했습니다. 꺼내려다 못 꺼낸 얘기가 있었기 때문입니다. 설명이 길어질 것 같아 생략했더랬죠.

저는 사실 제가 세 가지 **오해**에 기대어 힘을 내고 있었음을 깨달았습니다. 첫째로, 전 몇 명의 인물을 귀감 삼아왔는데, 정작 그분들은 속으로 무너지거나 단념하고 있었다는 걸 알게 됐죠. 가장 깊은 차원에서는 (스톡데일처럼) 인간을 낙관하되, 특정인에게 전적으로 의존하면 안 되나 봅니다. 지치지 않는 초인 따윈 없으니까요.

둘째로, 전 프란츠 카프카의 "당신에겐 절망할 권리가 없다"란 말을 좋아해 자주 들먹였는데, 확인해보니 카프카는 그런 말을 한 적이 없는 모양이더라고요! 존재하지 않는 말이지만 전 여전히 맘에 듭니다. 가뜩이나 절망스러운데 '절망 권리'까지 부정하다니, 과하지 않냐고요? 이렇게 생각해보면 어떨까요. 나보다 더 힘든 누군가를 생각하면 (게다가 그 존재가 절망에 빠져 있지 않다면) 좌절할 일이 아니란 뜻으로요.

그런 의미에서 세 번째 오해가 가장 중요합니다. 루마니아 작가 에밀 시오랑의 말입니다. "만약 벌레들이 자신들의 비극에 대해 말하기 시작한다면, 우리의 비극에 대해 무슨 할 말이 남겠는가?" 그렇습니다. 믿어지실지 모르겠지만, 저는 정말로 벌레들에게 힘을 얻습니다. 이

——• 프란츠 카프카의 《카프카》(아름다운날, 2007)라는 책 표지에 편집자가 임의로 뽑은 카피인 듯한데, 그렇다면 카프카 못지 않은 편집자의 내공에 경의를! 실제 카프카의 문장은 이렇다. "절망하지 마라 (중략) 모든 것이 정말로 끝장났을 때엔 절망할 여유도 없지 않은가?"

게 왜 '오해'냐고요? 왜냐하면 벌레들이 정말로 사신의 비극을 비극으로 보는지, 저에게 그걸 토로하고 싶을지 전혀 모르니까요. 시오랑 혹은 저의 철저한 오해일 수도 있겠죠. 하지만 전 최소한 벌레도 살고자 한다는 것, 살 가치가 있다는 건 확신합니다. 지구가 그들을 필요로 한다는 것도요. 생태계 파괴로 최근 가장 빠르게 다양성이 감소하며 소멸하는 것도 곤충이죠. 오해의 여지가 존재하더라도, 전 이렇게 저보다 피해가 심한 "소중한 타자"*를 통해 힘을 내곤 합니다.

하지만 진짜 힘과 마음의 평정은 앉아서 이런 생각만 할 땐 절대 오지 않더라고요. 이 사태의 해결책의 일부가 되어, 아주 작은 일이라도 하고 있지 않는 이상, 시험 기간에 시험공부를 안 하고 노는 수험생 비슷한 기분을 벗어날 수 없습니다. 그래서 이 시대는 모두가 활동가가 되기를 요구합니다. 월급 받는 직업 활동가를 말하는 게 아닙니다. 기후 재난을 막기 위한 싸움도 처음엔 소수에서 시작하지만 모두의 힘을 필요로 합니다. 제가 참여하는 시셰퍼드라는 해양보호단체는 "파트타임 히어로part-

──• 도나 해러웨이, 황희선 옮김, 〈반려종 선언〉, 《해러웨이 선언문》, 책세상, 2019, 118쪽.

time hero"라고도 하는데, 누구는 석탄발전소 반대 운동에, 누구는 정부가 행동을 하도록 압박하는 일에, 누구는 비행기 덜 타기 운동, 누구는 탈축산·탈육식 운동에, 누구는 플라스틱 줄이기 운동에… 직간접적으로 연루되는 것입니다. 그렇게 조금씩 자기 세계를 확장시켜 나아가면 서로 다른 운동들이 만나며 힘을 키울 수 있습니다.

하지만 만일 질문자께서 변화를 도모하느라 쉼 없이 일해 지칠 대로 지친 영혼이라면, 딱 한 마디만 드리겠습니다. "제발, 무조건 쉬세요!" 당신은 '절망할 권리'는 없을지 몰라도, 쉴 자격은 있습니다. 아직 당신만큼 노력하지 않은 우리가, 당신이 다시 돌아오실 때까지 짐을 조금씩 나눠 들면 됩니다. 그렇게 함께 품앗이로 풀어가지 못한다면 이게 다 무슨 의미겠어요?

탈인간 선언

ⓒ 김한민, 2023

초판 1쇄 발행 2023년 11월 10일
초판 2쇄 발행 2023년 12월 15일

글	김한민
펴낸이	이상훈
편집1팀	이연재 김진주
마케팅	김한성 조재성 박신영 김효진 김애린 오민정

펴낸곳	(주)한겨레엔 www.hanibook.co.kr
등록	2006년 1월 4일 제313-2006-00003호
주소	서울시 마포구 창전로 70 (신수동) 화수목빌딩 5층
전화	02-6383-1602~3	팩스 02-6383-1610
대표메일	book@hanien.co.kr

ISBN   979-11-6040-597-2 03300